BIJI JIANDING JISHU
YINGYONG YANJIU

笔迹鉴定技术 应用研究

理论阐述 案例分析
实践操作 系统研究

刘建时 ◎ 著

Ⓢ吉林大学出版社
·长春·

图书在版编目(CIP)数据

笔迹鉴定技术应用研究 / 刘建时著. -- 长春：吉
林大学出版社，2021.10

ISBN 978-7-5692-9473-6

Ⅰ. ①笔… Ⅱ. ①刘… Ⅲ. ①笔迹–鉴定–研究
Ⅳ. ①D918.92

中国版本图书馆 CIP 数据核字(2021)第 226091 号

笔迹鉴定技术应用研究
BIJI JIANDING JISHU YINGYONG YANJIU

作　　者	刘建时 著
策划编辑	李承章
责任编辑	闫竞文
特邀编辑	张立云
责任校对	张　驰
装帧设计	潇湘悦读
出版发行	吉林大学出版社
社　　址	长春市人民大街 4059 号
邮政编码	130021
发行电话	0431–89580028/29/21
网　　址	http://www.jlup.com.cn
电子邮箱	jldxcbs@sina.com
印　　刷	长沙市精宏印务有限公司
开　　本	787mm×1092mm　　1/16
印　　张	14
字　　数	200 千字
版　　次	2021 年 10 月　第 1 版
印　　次	2022 年 03 月　第 1 次
书　　号	ISBN 978-7-5692-9473-6
定　　价	68.00 元

目　录

引　言 ………………………………………………………………… 001

第一章　笔迹鉴定概述

第一节　笔迹鉴定的概念及应用 ………………………………… 006

第二节　国内外笔迹鉴定的研究与发展 ………………………… 016

第三节　笔迹鉴定的法律规定与鉴定程序 ……………………… 036

第二章　笔迹鉴定的理论依据

第一节　笔迹鉴定的同一认定理论 ……………………………… 046

第二节　笔迹鉴定的动力定型原理 ……………………………… 053

第三节　笔迹鉴定的心理学原理 ………………………………… 059

第三章　笔迹鉴定的方法和技术规范

第一节　笔迹鉴定方法及技术关键 …………………………………… 068

第二节　笔迹鉴定技术标准的研究及技术规范 …………………… 084

第三节　笔迹鉴定标准的技术性反思 ……………………………… 096

第四章　笔迹鉴定意见的形成与运用

第一节　笔迹鉴定的论证与审查 …………………………………… 106

第二节　笔迹鉴定的文书表达规范 ………………………………… 115

第三节　笔迹鉴定意见的应用与质证 ……………………………… 129

第五章　几种典型笔迹鉴定的技术性评析

第一节　一般伪装笔迹的鉴定解析 ………………………………… 140

第二节　摹仿笔迹的鉴定解析 ……………………………………… 148

第三节　阿拉伯数字笔迹与日期笔迹的鉴定解析 ………………… 155

第六章　笔迹鉴定技术的前沿与展望

第一节　笔迹形成时间鉴定理性思考 …………………………… 172

第二节　数字化手写笔迹的鉴定 …………………………… 184

第三节　笔迹鉴定的计算机自动化技术 …………………………… 195

后　记 …………………………………………………………… 207

参考文献 ………………………………………………………… 210

引 言

　　"科学"一词源于中世纪拉丁文 scientia，其原本的含义是"知识"或"学问"。著名德意志哲学家、德国古典哲学创始人康德在其《自然科学的形而上学起源》一文中指出："每一种学问，只要其任务是按照一定的原则建立一个完整的知识系统的话，皆可被称为科学。"① 科学进程是感觉、思维、意识、观念、主观、理性、真理、证据、科学，科学用永恒、普适、唯一的三大不变属性，作为检验万事万物的准则，度量人的非物质文化行为博弈价值，也度量着有形的物理世界。为此，人们普遍认为，"科学"是一种基于智慧、理性、文明的理论知识体系，是人们对世界认知后总结、提炼形成的结果。司法实践强调证据的科学性，人们普遍认为"科学证据"具有客观性证据的本质特征，"科学证据"与普通证据的区别，是因为科学证据的产生或形成是理性地运用专业知识的结果，或者说，科学证据是人们对案件中的专门性问题运用科学知识、技术以及方法

---

　　① [德]汉斯·波赛尔.科学:什么是科学[M].上海:三联出版社,2002:11.

去求证并获取的一种结果呈现形态。《布莱克法律词典》中科学证据被表述为："科学证据是指其证明价值建立在特别的科学知识或者科学原则基础之上的事实或意见证据。"[①] 英国学者保罗·罗伯茨（Paul Roberts）指出，科学证据是一种专家意见或专家证言，它是案件中涉及的科学或技术等专门性问题，已经超出了庭审中法官、陪审团等裁判者和律师等辩护人的专业知识认知时，由法庭科学专家所出具的专家意见或证词[②]。德国学者托马斯·魏根特（Thomas Weigend）指出，科学证据就是使用科学方法求证和形成的超越常识的对各种专门性问题认知后的鉴定意见[③]。日本学者石井一正则认为，科学证据就是在统计学的概率原理的科学性基础上通过科学证明而获取的证据[④]。根据专门知识所涉及的不同领域，科学证据也划分为各种不同领域，笔迹鉴定根据其所涉专门性知识运用的特点及范畴，一般被认为其系基于技术知识、经验科学的领域。"经验科学"与抽象的理论概括性的"理论科学"相对应，"经验科学"强调对事实的经验性描述，是追求具体、明确的实用性科学。经验科学以归纳法的研究方法为主，研究过程及结果往往带有主观性观测和实验。但经验科学之所以是科学，是因为这种主观性观测和实验并不等同于主观随意性，一则经验具有知识的共同性，其研究所依据的经验规则是有规律可循的，二则经验可

---

① BRYAN A GARNER.Black's law dictionary（ninth edition）. Thomson/West Publishing Co,2009:639.

② ［英］麦高伟,杰弗里·威尔逊.英国刑事司法程序[M].刘晓丹,译.北京:法律出版社,2003:232-258.

③ ［德］托马斯·魏根特.德国刑事诉讼程序[M].岳礼玲,温小洁,译.北京:中国政法大学出版社,2004:178-179.

④ ［日］石井一正.日本实用刑事证据法[M].陈浩然,译.台北:五南图书出版公司,2000:318-322.

以通过学习实践获取。辩证唯物主义认为，任何事物都有其两面性，经验科学也一样，套用哲学上一句话"存在的就是合理的"，即使目前的科学或实证无法解释一些经验科学的规律性，人们也不能因此而对经验科学进行全盘否定。人类对世界的认识不断发展，科学的发展亦从未停止，经验科学同样不断处于建立和发展之中。即便是自然科学领域的科学成果，也仅是特定历史条件和阶段下对客观事物认知和改造后得出的相对优势理性与智慧的结论，这种结论也并非亘古不变，随着人类社会的不断发展，很多一定历史时期的科学在经历知识技术发展后期被证明可能其并非科学。虽然经验型的观察归纳法有一定的局限性，但科学的早期阶段往往是经验科学的积累。从笔迹鉴定的理论和实践的角度来看，其作为一门科学体系虽然仍很年轻，但作为经验科学有其自身实践规律的科学性，并有着广阔的研究与发展空间。

随着现代社会科学技术的不断发展，物证成了司法证明的主要载体，同时，科学技术的产生和发展不断催生和推动物证在司法活动中的应用和推广。相比其他证据类别，因为具备客观性与可靠性的特点，物证在现代诉讼活动中享有"证据之王"的誉称。相比人证的直接表达，物证具有本身并不会直接"说话"的特殊性，现场各个角落散落、遗留或被刻意隐藏的物证，不会自己走上法庭[①]，需要专业人员去寻找、发现、固定、提取、分析、检验、鉴定，故这种专业人员或鉴定人员也有人称之为"物语者"。比如，司法实践中呈现的有笔迹的纸张、文件等物证载体，虽其自身为物证，但却无法直接"开口"来表达笔迹为何人书写、于何时书写等案件事实。物证实现其司法证明的目的，就是将其蕴含的案件信息呈现在

---

① 万毅."大物证"概念的建构及其司法意义[N].检察日报,2013-6-24(3).

当事人及裁判者面前，但该目的需要借助物证技术来转化，通过专业人员或鉴定人的提炼、阐释来实现。现代司法实践中，司法检验或物证鉴定就是这种提炼、阐释活动。比如笔迹鉴定，就是检验技术人员或鉴定人借助同一认定等原理和方法，对物证中笔迹所反映出来的特定案件事实进行分析评断，并解决该涉案物证载体上笔迹的书写活动及书写人的识别与认定。

"人类司法欲完成在社会中定争止纷的使命，就不仅是公正的，而且必须看上去是公正的"①，笔迹鉴定作为一项科学判断与认识活动，不仅是法律与科技的统一对司法的积极作用，而且其结果的准确性对司法公正产生重大影响。司法检验人员或鉴定人通过科学认识活动，对无法自己开口的涉案物证进行理性解读，使物证与事实、真相之间建立起诚实的桥梁，使静止的笔迹物证，却能最诚实地"说"出案件的事实或真相。大量司法实践表明，脱离科学技术与专门知识去认知物证中的笔迹，无法发挥其应有的证明作用。只有在具体鉴定实践中科学运用笔迹鉴定相关的科学技术与专门知识，并遵照科学的原理、方法和程序，以及规范表达与充分论证，才真正是研究笔迹物证且确保准确发挥其证明作用的关键。

---

① ［意］皮罗·克拉玛德雷.程序与民主［M］.翟晓波,刘刚,译.北京:高等教育出版社,2005:4.

1

笔迹鉴定概述

　　文字和符号在人类的生产生活中发挥着十分重要的记录作用，故当民事纠纷甚至刑事犯罪等案件产生，往往可能随带各种类型的笔迹，则司法实践中笔迹的鉴定就往往成为案件的重大突破口，或者是查明案件事实的重要依据。美国著名法学家波斯纳教授曾指出："专门从事于一件工作的某个人，比起某个更有能力但同时从事多件工作，但并未掌握真正做好其中任何一件工作的人，可能表现更好。专门化经常会提高效率。"① 由此，笔迹鉴定的技术应用，就成为司法实践的热点及重点。

---

　　① [美]理查德·A.波斯纳.联邦法院:挑战与改革[M].邓海平,等译.北京:中国政法大学出版社,2002:265.

第一节　笔迹鉴定的概念及应用

任何一门科学，都是处在不断被深入研究和发展变化之中的。任何一门科学，研究时也都需要对其研究的对象及范围进行界定，并明确其研究的任务、内容和方向。

一、笔迹与笔迹鉴定

（一）笔迹的释义

现代社会对笔迹的研究，不同的专家、学者立足不同的研究视角对笔迹的定义有不同的表述。代表性的有，2007 年 8 月群众出版社出版的《文件检验学》将笔迹定义为：笔迹，古称手迹，是书写人通过书写活动形成的反映书写人书写习惯的文字符号及其形象系统。[①] 2014 年 5 月北京师范大学出版社出版的《笔迹心理学》将笔迹定义为：笔迹是书写者利用

[①] 涂丽云.文件检验学[M].北京:群众出版社,2008:49.

书写工具在书面上留下的痕迹，是书写动作的特点反映，反映个人书写习惯的特殊性。[①] 2015 年 1 月中国人民公安大学出版社出版的《文件检验学》将笔迹定义为：笔迹是个人的书写技能和书写习惯通过书写活动外化成的文字符号的形象系统。[②] 2016 年 8 月法律出版社出版的《物证技术学教程》将笔迹定义为：笔迹是指通过书写活动所形成的字迹，是每个人写字所特有的形象，是个人书写技能与书写习惯的形象。[③]

从上述定义可以看出，各种笔迹的定义都强调了笔迹的核心是反映书写者的书写习惯。与某种技能规范动作相比，习惯是个体的动作倾向，或个体特定性应激反应动作。习惯随着技能的习练而产生，某种技能的长期反复实践，会形成机体的动力定型，在技能活动的实施中自然呈现，无须另外刻意赋予动作指令。书写技能是人类一种重要技能活动，它是指人们在进行文字符号书写时的动作系统"自动化"，以及这种动作"自动化""完善化"的程度。在书写技能活动中人们的书写动作习惯就是其书写文字符号的一种动作倾向，与规范的书写动作不同，书写动作习惯反映了不同书写个体特定性应激反应动作，与每个书写个体自身的特点紧密相关，而这种个体书写动作习惯的反映在笔迹中就以笔迹特征来呈现。邹明理和杨旭在《文书物证司法鉴定实务》中提出观点认为：从笔迹内涵的不同进行认识，可将笔迹分为狭义的笔迹和广义的笔迹，通常在笔迹学、笔迹鉴定的研究中使用广义笔迹的特定概念，而一般研究中常使用普通的狭义笔迹概念。而普通的狭义笔迹首先是一种痕迹，是书写者使用书写工具在文字符号书写规范的指引下完成相应的书写活动所形成的书写动作痕迹。与其

---

① 郑日昌.笔迹心理学——通过笔迹透视他人心理[M].北京:北京师范大学出版社,2014:1.
② 黄建同.文件检验学[M].北京:中国人民公安大学出版社,2003:1-26.
③ 许爱东.物证技术学教程[M].北京:法律出版社,2016:10.

他笔迹定义不同的是，这里讲的笔迹为一种痕迹，而与痕迹形成的造痕体、承痕体、作用力三要素相比，狭义笔迹概念突出了文字符号、书写工具和书写活动三个基本要素。相比于绘画线条、工程图线条等书写痕迹，文字符号痕迹是独立的笔迹研究及笔迹鉴定对象，因此，笔迹概念的三个基本要素中，文字符号规范是首要要素，是笔迹研究的重点。也就是说，笔迹学和笔迹鉴定并不会研究所有书写活动形成的痕迹，其研究的是狭义的笔迹，即它主要研究人们有意识的个体化习惯特征参与书写的文字符号痕迹，而那种类似工程线条的规范书写痕迹不作为其研究对象。书写活动是笔迹形成的基础，没有书写活动就没有笔迹的形成，无意识地勾画出的线条不属于笔迹。笔迹是一种书写者主动借助书写工具并有意识地完成一定书写动作后形成的动态形象痕迹，书写动作是文字符号形成笔迹的成痕动力（机械力）。书写工具在书写动作按一定规则的运动下构成成型文字的单字或字母。书写工具是笔迹得以形成的不可或缺的中介，无论笔迹以平面痕迹呈现还是以立体痕迹呈现，文字符号必须借助书写工具、通过书写活动方能成之为笔迹。即算是书写者运用自身的书写运动器官直接进行书写动作，这种接触笔迹载体的运动器官也就是一种书写工具。不同的书写工具，对书写者的动作习惯及技能发挥都有着不同的影响，从而使笔迹的形象痕迹出现不同的反映。

如果说应该将人们的社会活动跟文字符号的遗留结合起来，并将这种文字符号通过书写所反映出来的形象作为笔迹来研究，那么还有一个不能忽视的问题，即除了人们的书写活动来自书写技能养成与动作习惯呈现，书写者本人在书写时的心理状态，以及该心理状态对书写者动作技能与习惯的改变，所留下的新的、不同书写痕迹的文字符号的反映形象，更是司法实践中笔迹研究的难点和重点。因此，综合考虑各类因素，笔迹的概念可以表述为：笔迹是书写者在社会活动实践中，使用书写工具有意识地将文字符号通过自身书写技能及动作习惯呈现的形象痕迹。这个概念首先确定了笔迹是一种社会活动实践，而且是有意识的主动行为，无意识的个体活动留下的痕迹也许可以成为物证，但不属于物证中的笔迹。而且，这种有意识的书写活动还应该是通过书写者自身的书写技能及动作习惯来形成及呈现的，否则，这种文字符号是"画"出来的，而不是"写"出来的，离开"写"这个根本动作实践，是没办法成为笔迹的。

还有人认为，笔迹既包括书写的文字符号，也包括绘画，是指通过书写活动形成的具有个人特点的文字符号的形象系统，还包括通过捺印、摆置等方式形成的字迹，它能反映个人书写或绘画的技能和习惯①。此外，随着科技的快速进步，以及人工智能时代的到来和快速发展，在笔迹鉴定实务工作中，通常会遇到复印件笔迹、传真件笔迹等"衍生笔迹"，这些所谓的"笔迹"从形成方式来看，都不是书写人直接书写形成，而是借助机器的机械力，并通过物理、化学等变化所形成的，但这些"笔迹"都能够反映原始书写人的书写习惯特点②，而且带有后续加工痕迹的其他特征，故司法实践中的这类"笔迹"也是检验鉴定的研究对象，且这类"笔记"也拓展了笔迹研究的鉴定的研究范围和方向。

（二）笔迹鉴定的概念

笔迹鉴定属于司法物证鉴定中文书鉴定的一个分支，也有人称之为笔

---

① 贾晓光.文书物证司法鉴定理论与实务[M].北京：中国人民公安大学出版社，2017：5.

② 程军伟.笔迹概念新认识[J].中国刑警学院学报，2019(2)：41-47.

迹检验。笔迹鉴定是司法鉴定的文书鉴定技术规范的技术名词，但在刑事技术鉴定或刑事技术检验中，更多地被称为笔迹检验。有的学者认为笔迹鉴定是由专门的鉴定人员运用语言文字学、生理学、心理学、物化学等对文字进行比对检验，确定是否由同一人书写的过程；有的学者认为，笔迹鉴定是根据人的书写技能习惯特性在书写的字迹、符号、绘画中的反映，通过物证笔迹与样本笔迹的比较、鉴别，从而确定物证笔迹书写人的一项司法鉴定专门技术 [①]；也有学者认为，笔迹鉴定是指在诉讼过程中，对于案件中涉及笔迹方面的专门性问题，依法指派或聘请具有专门知识并获得笔迹鉴定资格的鉴定人员，运用科学技术方法，对案件中的笔迹物证做出判断结论的一种活动 [②]。

无论是笔迹鉴定还是笔迹检验，都是指专门技术人员或鉴定人利用书写的字迹、符号，以及绘画中书写人的书写习惯性反映，通过对检材笔迹与样本笔迹的特定性特征的识别比较、分析评断，从而确定文书物证书写活动及书写人的专门性技术活动。笔迹鉴定通常包括是否原始笔迹鉴定、签名笔迹鉴定、正常笔迹鉴定、变化笔迹鉴定、摹仿笔迹鉴定、伪装笔迹鉴定、外文笔迹鉴定、数字笔迹鉴定等 [③]。笔迹鉴定通过笔迹或签名的同一性鉴定认定，用以实现对书写人的确认或排除，通常其具体鉴定要求有："对文书上的笔迹或签名的真实性进行鉴定""文书上

① 贾晓光.文书物证司法鉴定理论与实务[M].北京:中国人民公安大学出版社,2017:42.

② 王圣江.笔迹识人——笔迹分析理论与实务探究[M].北京:中国人民公安大学出版社,2021:17.

③ 贾晓光.文书物证司法鉴定理论与实务[M].北京:中国人民公安大学出版社,2017:6.

笔迹或签名是否为某人所写""文书上笔迹或签名与某人笔迹或签名样本是否为同一人所写""某文书上的各部分笔迹或几份文书上的笔迹是否同为一人所写",等等。

值得注意的是,随着技术的发展和笔迹鉴定检案的公开,笔迹鉴定面临的鉴定要求更加复杂且更加多样化,实践中甚至出现了将涉案人笔迹抓图后通过计算机图像处理,再雕刻签名印章,然后盖印出签名字样等情况。因此,对于笔迹鉴定,首先要解决的问题是确定字迹是复印、打印、盖印,还是直接手写形成,这直接影响到委托鉴定的要求是否能够实现;然后要解决的问题是确定何种书写工具形成,以便准确认识和分析不同书写工具对笔迹形成的影响。这些工作,都需要对笔迹形成的物质材料进行检验和分析,另外,司法实践中也往往需要对笔迹的载体是何种纸张或材料进行鉴定,因此,各类案件在实际完成笔迹鉴定前,对笔迹介质或载体物质材料的鉴定,是笔迹鉴定的重要组成部分。而根据研究实践,通过形成笔迹的物质材料及笔迹载体的物质材料进行分析或化验,又拓展了对笔迹形成时间及笔画时序进行检验鉴别的范围及方向。依据司法鉴定技术规范及伪造、变造文书的一般规律特点,不论委托人是否提出对笔迹或签名的形成方式进行鉴定,为更好地完成这一任务都必须进行这一环节的检验及鉴定。因此,综合司法实践及各类研究,在证据的角度和法律规范的视域,所谓笔迹鉴定,是诉讼过程中鉴定人运用科学技术及仪器设备,通过对文书物证上的文字、符号以及载体、介质进行检验和比对,根据有关标准规范对该涉案文字符号是否为书写形成,以及由何人书写或何时书写形成等专门性问题做出判断,并出具意见书的司法技术活动。

笔迹鉴定的对象是案件中的各种笔迹物证,大多数情况下都是在研究认识个人书写习惯的基础上,对两部分笔迹进行比较鉴别,以确定它们是否为一人所写的检验过程。但由于个体书写同样存在多样性，同时书写条件、书写工具、书写心理等各种情况也影响笔迹的呈现，因此为了能够充分认识到书写个体的规律，准确把握其动力定型和稳定性，笔迹鉴定时通常要求委托人提供被鉴定人数量充分、具有可比性、真实可靠的笔迹或签名样本。

二、笔迹鉴定的性质

人的书写习惯具有特定性和稳定性，并在笔迹中得到反映，笔迹鉴定对人们书写活动形成的字迹进行认知、鉴识，并由此对笔迹物证进行人身同一认定，以及对文件的真伪进行识别与认定。鉴定时通过了解案件有关情况，明确鉴定要求，分别查验笔迹物证和笔迹样本；分析判断是否为正常笔迹，是否存在伪装或其他原因引起的变化；选择能反映书写人书写习惯的稳定的、带有特殊意义的、鉴定价值大的特征；对检材和样本中找出的特征进行相互比较，找出符合点和差异点；对符合点和差异点的形成原因及价值进行综合评价；最后形成鉴定意见并制作鉴定意见书。笔迹鉴定是运用自然科学、社会科学等知识，来识别文书物证真伪的一种方法；来研究鉴定文书物证理论和方法的一门科学；来确定文书物证上笔迹所反映的与案件关联的事实的一种司法鉴定技术手段。

第一，笔迹鉴定主要解决涉案文书物证上的笔迹真伪，其首先是研究关于笔迹鉴定理论和方法的科学。笔迹鉴定所研究的是涉案争议的笔迹自身所反映的客观事实，即笔迹形态呈现的迹象所蕴含的内在书写规律与书写人之间的联系，以及这些规律的科学性与变化的因素，整体涉及如何识别、检验、鉴定涉案笔迹的理论和方法上的科学。

第二，笔迹鉴定涉及自然科学、社会科学等众多学科知识及相关研究成果。笔迹鉴定是物证鉴定里的一种，但相对其他物证鉴定主要以自然科学为基础来讲，笔迹鉴定既以自然科学为主要研究基础，同时社会科学亦是其重要研究组成部分。由于笔迹涉及书写工具、书写人、书写载体等，且各相关项涉及众多要素及类别，因此笔迹鉴定还涉及人文科学等领域的知识。物理、化学、哲学、心理学、语言学、文字学等众多学科知识在笔迹鉴定中都发挥着不同的作用，并交叉渗透为笔迹鉴定开拓更多研究空间。

第三，笔迹鉴定的目的是帮助查明案件事实及确定嫌疑对象，为诉讼服务。在刑事诉讼中，笔迹鉴定对涉案笔迹进行识别、鉴定，可以发现或排除犯罪嫌疑，进一步确定嫌疑对象、证实犯罪，是案件侦查中公安、检察机关的重要刑事技术手段之一；在民事诉讼和行政诉讼的证据体系中，笔迹鉴定意见也是属于八大证据之一，通过笔迹鉴定可以获取涉案证据，更可以证明案件事实。在刑事、民事、行政三大诉讼以庭审为中心的司法体制下，笔迹鉴定意见在证明案件事实及证明案件相关证据的证明方面发挥着重要作用，并且由于笔迹与人身的紧密相关性，其对案件的审理和事实的查明有时甚至非常关键。

三、笔迹鉴定的作用

证据证明力是指证据资料作为证明待证事实的价值大小与强弱状态或程度，以证据能力为其前提和基础。法律并未对证据的证明力加以任何形式的限制，一般由法官根据自由心证原则做出判断。鉴定意见作为我国法定证据种类之一，融自然科学与法学于一体，我国刑事诉讼法、民事诉讼法、行政诉讼法都将鉴定意见作为一种独立的证据种类，而英美法系与此不同，他们将鉴定意见作为意见证据归入证人证言的证据种类。

在民事诉讼中，笔迹鉴定意见对案件事实的查明包括证据材料的查实具有重要的司法证明作用。其一，笔迹鉴定意见解决了法官专业知识的不足，案件中需要专门的技术知识和经验来判断的专门性问题，笔迹鉴定意见可以帮助法官做出正确的判断；其二，笔迹鉴定意见可以帮助法官对案件中的证据材料进行审查，通过对当事人提供的证据材料进行鉴定来确定其真伪，实践中如对有争议的借据、收条等进行笔迹鉴定。从鉴定意见作为一种证据形式提供的正是法院所缺乏的专门性知识而言，它就决定着鉴定意见往往具有支配或左右整个诉讼及审判结果的影响力。这一特殊的鉴定技术在同各类犯罪行为做斗争及处理民事纠纷、行政纠纷中起到了不可替代的显著作用。

笔迹鉴定对证据的认识和对案件事实的认定，来源于依据科学原理和自然规律建立现象与本质联系，笔迹所反映的是案件事实的客观存在，不会因为当事人或证人的辩称或证言而改变。故，笔迹鉴定具有与其他证据所不同的证据功能及证明作用，具体表现在以下几方面。

1.笔迹鉴定针对文书物证进行，而文书物证与案件中其他证据共同对案件事实进行证明，鉴定人员利用笔迹鉴定的专门知识从文书物证的角度来提示其证明价值，同时，笔迹鉴定意见对文书物证进行证实后可以以此来判断同案其他证据的证明价值。比如在司法实践中，通过对涉案借条或收条落款处的签名字迹的真伪进行鉴定，可以以此来判断该借条或收条的真伪，从而认定其是否具备证据价值。而审判人员往往只是相关法律的适用者和纠纷的裁判者，他们并不是具有专门性技术知识和经验的专业人员，对案件中的专门性问题存在认识能力不足的实际，仅凭审判人员自身的知识和经验难以对这些问题做出正确判断。因此，为了查明案件全部事实真相，帮助审判人员正确裁判，诉讼中就需要借助鉴定人员通过对专门性问题的识别与认定来揭示并展现案件所涉特定证据材料蕴含的准确信息及证明价值。

2. 作为鉴定意见一个类别的笔迹鉴定意见，与鉴定意见一样，也是意见证据，但这种意见证据并非仅仅是对客观事物的简单描述，它是笔迹鉴定人员利用笔迹鉴定的专业知识对涉案文书物证上的笔迹进行涉案识别与判断后所做出的评断性意见，对涉案特定证据材料的证据价值所做的专业判断。这种意见是鉴定人员通过对笔迹形态这种现象认识后，再依据其个人在笔迹鉴定上的专业知识技能做出的认知评判，而不是对客观事物的一种感知描述，这种鉴定判断意见对证据的认识直接影响涉案其他证据材料的证明力价值或证明作用。如涉案文书存在争议，经过鉴定人员对涉案文书上的笔迹进行鉴定后，发现该文书物证上的笔迹不是涉案对象本人书写，则本鉴定意见就直接证明该争议文书属于涉案虚假证据的事实。正是因为笔迹鉴定意见具有独特的证明功能，裁判者不能唯鉴定意见至上，绝对不能直接用笔迹鉴定意见的结果来认定和判断案件事实，应当组织审查笔迹鉴定意见自身的专门性问题是否可靠，只有科学、可靠的笔迹鉴定意见进入法庭，才能帮助查明事实，公正裁判。

3. 笔迹鉴定意见是对现象与本质之间的认知，通过鉴定解决的是案件事实的真伪问题，但其不判断法律问题，鉴定意见的运用和法律问题的适用，是法庭和裁判者的工作。因此，笔迹鉴定所识别、判断的是诉讼中争议事实的案件材料，即便有法律问题涉及，也是裁判者的工作，鉴定人员不能越俎代庖，超出其自身执业范围去做认定工作。

第二节 国内外笔迹鉴定的研究与发展

由于文字的使用与推广，利用文字作为犯罪手段和由于文字引起的民间纠纷也就随之出现了[①]。笔迹鉴定随着文件检验的产生与发展而进行，文件检验有着同利用文件进行犯罪一样古老的历史。因此，当记载着文字、符号的文件物证成为裁判需要的时候，笔迹鉴定就随之而生了。

一、国内笔迹鉴定的研究及发展

我国是世界文明古国之一，我们的祖先在四千多年前就创立了文字，出现了人类独有的书写活动。"声不能传于异地，留于异时，于是乎文字生。文字者，所以为意与声之迹。"[②]故，在我国古代，笔迹又称"手迹"，常指称人亲手写的字或画的画。《后汉书·循吏传序》记载："（光武）其以手迹赐方国者，皆一札十行，细书成文。"汉代马融之《与窦伯尚书》记载：

---

① 王连昭.我国笔迹鉴定发展历程简述[J].河南司法警官职业学院学报,2019(4):101-104.

② 司马朝军.续修四库全书杂家类提要[J].北京:商务印书馆,2013:290.

"孟陵奴来赐书，见手迹，欢喜何量，见于面也。"南朝时期宋国鲍照的《代门有车马客行》中写到："手迹可传心，愿尔笃行李。"清代姚衡的《寒秀草堂笔记》卷三记载："按，此跋乃先世父手迹。"

我国是世界上最早运用文检技术的国家之一，用笔迹解决诉讼纠纷、决狱断案已有两千余年的历史。早在公元前 2 世纪，我国史书上就有了汉武帝查验藏匿于牛腹内帛书并识别帛书书写人的案例记载[①]。公元前 119 年（西汉）就有了汉武帝识伪书斩少翁的笔迹鉴别实例，东汉建安时期（196—220 年）的"国渊比书"[②]形成笔迹检验破案的完整案例[③]。唐宋以后，笔迹检验在侦查判案中得到了较为普遍的应用，印章印文、货币真伪的鉴别也已出现。据史料证明，我国笔迹鉴定手段开始于公元 210 年左右的三国时期。据《三国志·魏书·国渊传》记载，国渊出任魏郡太守时，有人投书诽谤朝政，太祖（曹操）十分恼怒，下令查处。匿名信中多处引用了后汉张衡所著《二京赋》中的词语。国渊请求太祖将匿名信交与他秘密查办。他吩咐属吏：魏都大且是京城所在地，但学识渊博的人少，应选派青年外

---

① 史料记载的第一例运用笔迹鉴定的案例是发生于公元前 119 年的"李少翁诈骗汉武帝案"，《史记·孝武本纪》载："其明年，齐人少翁以鬼神方见上……乃为帛书以饭牛，详弗知也，言此牛腹中有奇。杀而视之，得书，书言甚怪，天子疑之。有识其手书，问之，人，果伪书。于是诛文成将军而隐之。"汉武帝查验帛书笔迹，发现是少翁亲笔书写，从而识破骗局。

② 最早运用比较检验方法进行笔迹鉴定的是公元 213 年的国渊侦破辱骂曹操的匿名信案件。《三国志·魏书·国渊传》载："时有投书诽谤者，太祖疾之，欲必知其主。渊请留其本书，而不宣露。其书多引《二京赋》……旬日得能读者，遂往受业。吏因请使作笺，比方其书，与投书人同手。摄案问，具得情理。"国渊通过案情分析，发现匿名信多次引用《二京赋》，于是寻得多名嫌疑人，经"比方其书"认定了作案人，这里的"比方其书"就是现行的比较检验。

③ 刘进.笔迹检验鉴定结论分歧原因探析[J].中国司法鉴定,2006(04):25-28.

出学习。临行前，国渊对学习的三名属吏说：要学习未知的东西，去找能读《二京赋》的人拜师，并请他代写一封书信。经比对笔迹，与诽谤朝政的匿名信同出一人手笔。公元5世纪，东魏与西魏交战，西魏大将韦孝宽摹仿东魏大将牛道常的手迹，制造假信，要求投降西魏，离间东魏的官兵关系，从而取得胜利的战例。以后，各个朝代都有许多记载以笔迹作为判案定罪的主要依据的案例。我国元朝、明朝的刑法规定：写匿名信诽谤官府者，重的处死，轻的流放远方；写匿名信诬陷他人者杖七十七；写匿名信威胁、勒索他人钱财者仗八十七并发放原籍。我国古代司法工作者把"查笔迹"列为办理此类案件的基本手段。我国古代不仅有笔迹鉴定技术，而且对笔迹与书写人的关系也有一些研究。如汉朝方言学家、文学家扬雄（公元前53年—公元18年）提出了"言者，心声也；书者，心画也"的著名论点，意在说明语言是人的内心写照，笔迹是书写人头脑中固有形象的反映。相传有这样一个故事：一次，唐太宗临写书法大家虞世南的字，写"戬"字时，正好看见世南走来，便只写了"晋"，让世南补上"戈"字。第二天，太宗把字拿给魏徵看，想听听他的意见，魏徵看后说："圣上之作，惟戈法似世南。"虽然，我国司法实践中运用笔迹鉴定办案有悠久的历史，但古人没有总结出科学的鉴定方法，更没有形成系统的科学理论。但这些比较原始的鉴定方法和理论观点，为以后建立近代笔迹学奠定了基础，可以算作处于萌芽状态的笔迹学。

我国的笔迹鉴定技术历史悠久，其形成和发展比西方国家早了一千多年，而且技术共存的历史时代，我国的笔迹鉴定技术长期领先于西方国家。但笔迹鉴定技术在我国古代应用方法比较简单，没有系统研究并综合成理论体系。古代人们的知识水平较低、技术发展相对落后，因此古人主要是运用观察法开展并实施笔迹鉴定，从事笔迹鉴定的人员通过对笔迹形态的观察，会结合个人的经验和智慧，综合后得出笔迹鉴定意见。在当时笔迹鉴定只是办案中的一种技术应用，并没有作为一门科学被深入研究。加上我国长期处于封建社会，实行法、政合一的社会治理，物证在司法实践中并未得到重视，更多强调审判后的口供定罪，因此，尽管笔迹鉴定在我国积累和发展了两千多年，但其在古人前只是师徒口授身传式的一些零星经验的传承，而并没有系统研究，没有形成理论体系。而笔迹鉴定技术在西方国家虽起步较晚，但发展很快，到了 19 世纪与同时期的西方国家相比，我国笔迹鉴定技术已处于严重落后的状态。而此时期，西方国家的笔迹鉴定制度与技术随着列强的入侵也同时进入我国，本土适用的笔迹鉴定制度、技术也在"师夷长技以制夷"的开放和发展社会背景之下，不断地将西方笔迹鉴定技术的先进管理与技术经验引入办案实践当中，并通过借鉴与吸收，艰难地向现代笔迹鉴定技术转型，并在不断实践、应用、研究中发展、前进，为我国现代笔迹鉴定技术的建设打下了坚实基础。

（一）笔迹鉴定制度转型

1906 年，伍廷芳等起草了《大清刑事民事诉讼律草案》，首次就鉴定问题做出了明确规定，但其并未能获得朝廷批准。1907 年，清政府颁布了《各级审判厅试办章程》，对实施鉴定的条件、鉴定人的回避、鉴定文书的制作以及鉴定人的待遇等问题做了规定。1922 年的《刑事诉讼条例》明确了鉴定人的权利义务，第 129 条规定鉴定人在实施鉴定时，有权检阅卷宗及物证，有权询问被告人、自诉人、证人，并有权根据其付出的专业服务工作获得相应报酬。

（二）笔迹鉴定技术转型

近代文明的交往，睁眼看世界的中国在发展中引入了西方的自然科学技术，而自然科学在笔迹鉴定技术中的运用，使其较古代的笔迹鉴定技术有了长足进步，笔迹鉴定过程和结果均更趋于客观化，如西方的笔迹特征的描述法以及笔迹特征的测量法均在近代时期的笔迹鉴定中得以广泛运用①。此外，既有放大镜、显微镜、照相术、投影仪等西方技术仪器引入笔迹鉴定的设备中，也有红外线、紫外线、X射线等物理和化学检验手段等应用到笔迹鉴定的技术方法中，不但开阔了技术人员的鉴定思路，也丰富了鉴定手段，扩展了鉴定范围。

20世纪30年代，当时国民党执政的旧中国警察部门基于对社会的管理与治理，无论是官方还是民间，都开始研究和探索文件检验的理论和方法。1943年徐圣熙编著出版《笔迹学》一书，这是我国历史上第一部文件检验专著，1949年，冯文尧编写《刑事警察科学知识全书》增订版，在这本图书中基本收集列入近代文件检验的全部内容。但这些书籍所涵盖的技术和方法创新及成就不多，基本上是欧美国家对笔迹鉴定技术研究成果的翻译引用，不但没有相应的理论研究深度，其技术的实践应用水平也相对较低。

严格来说，我国现代文件检验的历史是在新中国成立后才开始的。人是技术研究与发展建设的关键因素，从20世纪50年代中期到现在，我国的公安、司法部门先后通过在职、职后以及学历教育等方式，培养了数千名的文检专业技术人员，并且这些人员大多是在基层县以上公安司法机关一线从事文检实践工作。1974年公安部物证鉴定中心的前身，即公安部126研究所在北京成立，该所设立的文检研究室经不断建设发展，成为我国现今的文件鉴定和科学研究中心。随后，前身为中央警校、公安部第一人民警察学校的中国刑事警察学院于1981年成立，学院设置并开办了四年本

---

① 王冠卿.笔迹鉴定新论[M].北京：北京大学出版社，2016：6.

科制的文件检验专业，开创了我国文检专业高等教育的历史。随后我国的文件检验技术得到更大更快的建设和发展，文检专业队伍不断壮大，文件检验的技术实践和理论研究不断加强，专门涉及文件检验的横向研究学术研讨会定期召开，各种成果如论文和专著等不断涌现，并纷纷发表、出版，还不断深化并出现新的文件检验分支。正是得到了广大文检工作者的积极努力和实践，笔迹鉴定技术的理论研究和技术实践不断发展、完善，并逐渐形成了具有我国自己特色的笔迹鉴定科学体系，在整个司法实践中发挥了重要作用。

现代笔迹鉴定已形成相对科学和完备的理论体系，在笔迹鉴定的研究中融入了生理学、心理学、人体学等自然科学理论，其研究认为，书写活动不仅仅是基于生理活动而完成的书写运动动力定型表现，还是一种受意识支配的技能活动，因此，对笔迹识别的诠释必须从书写人的书写技能和书写习惯两个方面来全面考察。阐述了笔迹同一认定所对应的书写习惯的反映性、相对稳定性和总体特殊性等三方面基本性质，同时笔迹鉴定的同一认定理论也必须综合这三个基本性质既有对立又有统一辩证问题存在，应当进行全面认识。在鉴定方法上，根据笔迹鉴定的特征比对需要，从整体到局部、从宏观到微观、从一般到细节的不断深入建立了笔迹特征分类体系；根据笔迹鉴定的特征评断需要，制定了笔迹特征的质量、价值评断原则；基于笔迹书写活动的多样性与偶然性特点，对笔迹特征的非本质性符合或差异明确了解释方法。此外，系统研究了伪装笔迹、摹仿笔迹、条件变化笔迹等在笔迹鉴定中的规律、特点及鉴定方法，揭示了各种笔迹的变化规律，阐述了伪装书写一般规律的识别和鉴定的要点、方法的适用，从而促进了文检人员对各种非正常笔迹的检验鉴别能力的显著提高。此外，现代笔迹鉴定更加注重标准化和质量监控，程序的规范是笔迹鉴定结果科学的保障，通过规范性的笔迹鉴定标准、质量控制研究，使笔迹鉴定方法可靠、依据科学、过程规范，从而确保笔迹鉴定的质量，保障其诉讼价值的实现。

二、国外笔迹鉴定的研究及发展

笔迹学起源于我国，但初步形成一门技术学科则是在欧洲。随着法律文件在政府和商业活动中变得日益重要起来，一些欧洲学者开始专门研究笔迹鉴定问题。1609 年，法国人弗兰科尼·迪尔（Franconi Deere）写了一篇关于笔迹鉴定的论文，文中介绍了笔迹鉴定的方法和原理。这是笔迹鉴定领域内最早的学术著作。同时，一些国家的法院已经承认笔迹鉴定结论的证据价值。十七八世纪，欧洲学者普遍认为笔迹是书写人的气质、个性、才智、情感、道德、社会能力以至于好人和罪人的表现。19 世纪后期许多欧美国家相继建立了刑事侦查实验室或司法鉴定室。

笔迹鉴定成为一门科学得益于 19 世纪的欧洲，西方学者们认为，第一位提出笔迹学的学者是意大利人卡米洛·巴尔迪（Camilo Baldi）。他于 1622 年发表了《根据书写字迹判断人的性格》一文，但没有继续深入研究。西方笔迹学从诞生到发展经历了一段漫长的道路，出现了许多笔迹鉴定学派。他们认为，法国人米尚（Mochon）是笔迹学最主要的创始人，是笔迹分析学的奠基者。米尚经过多年的研究，对书写中的各种现象做出了归纳，先后发表《书法的秘密》《笔相学的体系》《笔相学的方法》等，并于 1872 年在巴黎正式出版了他的专著《笔迹学的体系》。直至 1895 年意大利学者龙勃罗梭（Lonbroso）发表《笔相学指南》，代表唯心主义笔相学派的形成，他们认为从笔迹可以鉴别人的好坏。其后，法国人雅曼（Amann）将笔迹分成 7 大类、175 个小类，发展了米尚的理论，并使其更科学规范。被人们称作"现代笔迹学天才"的瑞士苏黎世大学讲师普尔凡（Pulfan），则把弗洛伊德的精神分析理论采用空间的象征形式运用到了笔迹学中。法国学者阿尔方斯·贝蒂隆（Alphonse Bertillon）于19世纪末发表了《笔迹的比对和同一认定》，成为笔迹特征描述派的代表。笔迹测量派的代表是埃德蒙·洛卡德（Edmond Locard），他认为笔迹是可以描述与测量的，是机械唯物主义的认识方法。19世纪90年代，美国的阿尔伯特·谢尔曼·奥斯本（Albert Sherman Osborn）将笔迹鉴定作为一门独特的学科向社会推出。在1910年出版了 *Questioned Documents* 的第一版，成为美国文件检验的先驱者 ①。20世纪初，苏联学者巴普洛夫（Ivan·P·Pavlov）提出的高级神经活动"条件反射"和"书写动力定型"学说，较为科学地解释了笔迹的鉴定原理，奠定了近代笔迹鉴定的科学理论基础。

　　国外对文件检验进行系统的理论研究则主要是在近代。西方国家司法实践中最早出现笔迹鉴定的案件是在19世纪50年代，发生在美国芝加哥的一起谋杀案，即所称的"桶尸秘密"案件中。该案被告人向法庭提供了一封证明死者是自杀的信件，企图以此来洗脱自己的犯罪嫌疑。由于当时的司法实践中缺乏对笔迹鉴定的证据运用，并没有任何专家的证言在诉讼中被当作笔迹鉴定的标准。因此，该案审理之初，在查明案件事实时并没有寻求通过笔迹鉴定来为法庭提供帮助。但随着案件审理的进行，该书信成了案件事实查明的重要证据，为识别该书信的真伪，法庭最终决定让专家对其进行笔迹鉴定。依据笔迹鉴定的结果，此案最终获得公正的处理，此案的关键就是该笔迹鉴定结果成了查明事实的重要依据 ②。19世纪末期以后，欧美国家陆续

---

　　① 陈晓红.司法笔迹鉴定［M］.北京：科学出版社，2018:2.
　　② 李念，李冰.质疑还是挑战：Daubert 规则下的笔迹鉴定［J］.证据科学，2018（3）：330-343.

出版了一批文件检验专著，如美国于19世纪末出版的《文件鉴定手册》，1910年出版的《可疑文件》，包括前述的19世纪末法国的贝蒂隆出版的《笔迹的比对和同一认定》等，都代表了当时文件检验的实际水平。

笔迹鉴定科学在美国的Patrick案之前一直未能形成规模，仅仅在美国法庭上偶尔使用。1900年发生的Patrick案，法庭审理中对笔迹鉴定的充分展示及有效运用，使其在美国变得家喻户晓。在该案中，得克萨斯州富豪William Rice的代理律师Albert T.Patrick涉嫌为了侵吞William Rice的巨额财产，用三氯甲烷杀死了William Rice，该案的关键证据就是William Rice的遗嘱。案件审理过程中，控方为了实现其追诉目标，组织了当时几乎所有的笔迹鉴定专家参与本案，专家在法庭上运用其专业知识提醒陪审员如何辨别该案遗嘱上书写者的提笔特征，遗嘱中字母上的墨点等细微特征反映了何种案件事实，并最终说明笔迹鉴定结论的可靠、可信。根据控检方提供的鉴定专家的笔迹鉴定，Patrick被判处死刑。虽然，最终Patrick经上诉被减免为无期徒刑，但是，该案确实对笔迹鉴定在法庭上的推广起到了巨大的作用。

1901年，在Patrick案结束以后，出现了许多专业的笔迹（文书）鉴定者，他们积极投入时间研究调查文书鉴定，由此在美国国内开始逐渐形成笔迹鉴定的专家圈子。有人著述，笔迹鉴定在短时间内成为一种在民事和刑事诉讼中重要的科学证据，自此笔迹鉴定证据在法庭活跃了将近90年。正是因为研究的广泛，20世纪之后，美国的笔迹鉴定发展取得了长足的进步，但是由于英美法系特有的对抗制诉讼模式和可采性审查等证据制度，笔迹鉴定结果作为证据在法庭的使用总是不能顺利开展，不断受到各种质疑。在1923年的"Frye V. United States"案件中，法院对于专家证言的可采性规则问题第一次进行了规定，区别了其与其他证据可采性规则的不同①，这也是美国证据的弗赖伊标准的形成。法院在判决中阐述到，事实的查明究竟在什么时候让科学原理或科学发现跨越界线，使试验的结果能够实现证实，基本难以界定。那么，在这个跨越过渡区的某个节点，必须关注到科学原理的证据并予以接受②。在司法案件领域，笔迹鉴定的运用由于基于科学原理的推演而被大范围接受，因为鉴定实践中笔迹鉴定意见这种专家证言被推演的科学原理或科学发现已经得到证实，法院基于这种推演的前提和结果都已经充分确立，因此对这种证据的采纳积极推动。这与弗赖伊标准的要求并不矛盾，笔迹鉴定作为科学证据进入法庭，就在于其结果推演的科学性。1937年以后，服务于侦查及诉讼的警察实验室逐渐在美国及加拿大建立，在司法实践中大量应用，在案件中出现笔迹鉴定的需求时，笔迹鉴定的专业人员就会积极地对该种证据进行校验。正是因为有了这种积极而广泛的技术氛围，以及专业人员因此而获得的大量分享及交流，笔迹鉴定成了一个新的研究领域，并开始进入正式的发展通道。③

法院对笔迹鉴定专家证言的接纳在1993年的Daubert案后开始受到越来越多的质疑，在该案的审理中，法院将专门知识区分为"科学知识""技术知识"与其他"特别知识"三种，并因此确立了新的证据标准。

多伯特标准④建立后，许多法官对笔迹鉴定的科学性开始质疑，例如

---

① 麦考密克论证据[M].汤维建,等译.北京:中国政法大学出版社,2004 :395.

② [美]Edward J Jmwinkelried.论表象时代的终结 [J].证据科学,2011(4):470-479.

③ ROY A HUBER, A M HEADRICK.Handwriting ldentifi cation:facts and fundamentais [M].CRC Press, 1999:45.

④ 美国在 Daubert 一案后确立的证据规则,即通常所称的 Daubert 标准,其内容是:(1)该科学理论是否可被证实;(2)有无正式发表并被同行审查;(3)误差率多少;(4)是否被相关科学领域普遍接受。

1995 年发生的 U.Sv.Starzecpyzel 案，首先就面对了笔迹鉴定是否具有证据容许性的决断问题。在该案的审理过程中，被告方的律师提供辩护意见认为，依据多伯特标准，笔迹鉴定所运用的专门知识从未得到证据证明其是可信赖的科学知识，因此他希望法院能排除笔迹鉴定专家的证言，或者应当根据联邦最高法院确立的多伯特标准对证据可靠性的要求、对该笔迹鉴定是否得到法庭的证据容许应当举办听证会来决定。该案法官并没有纠结笔迹鉴定是否为科学知识，在法官的裁决中，他将笔迹鉴定视为"特殊知识"，这在《联邦证据规则》的第 702 条有明确规定，虽然笔迹鉴定并非科学知识，但并不影响其证据的可采性。笔迹鉴定可采性的理由还在于鉴定人或专门技术的人员可以通过其专门训练及习得经验而取得的特殊方法技巧来帮助陪审员认识案件事实。多伯特标准要求的专门知识适用于"科学知识"，但是司法实践中在法庭上呈现的专门知识既包含"技术知识"也包含"其他专业知识"，这就出现了因为专家证言的专门知识与"科学知识"之间的差异而导致的法庭证据可采性矛盾。在 KumhoTire 案后，为了解决涉及专门知识的证据的可采性问题，美国联邦最高法院指出，专家证人证言应该得到法庭容许、确保其证据可采性，多伯特标准应当适用于所有鉴定证据，不只是"科学知识"，还应当包括"技术知识"和"其他专业知识"。不过历经 KumhoTire 案①的裁决，法庭关于笔迹鉴定的可采性标准并没有得到进一步明确。笔迹鉴定证据的可采性标准在美国各个法院并没有形成统一

---

① 1999 年的美国 Kumho Tire Co. V. Carmichael 案关注了规则 702 中的"其他专门知识"，以及 Daubert 案可以在多大程度上扩大适用于非科学性专门知识。Kumho Tire 案的判决赋予法官更深层次的自由裁量权，即可以选择其认为可作为相关科学性专门知识可靠性"合理量度"的因素。参考自胡萌.科学证据审查范式：教条的科学主义与怀疑的理性主义——评《科学证据的秘密与审查》一书[N].人民法院报，2020-9-11(06).

的意见，不同法院仍然各自使用自己的做法。有的法院认为笔迹鉴定意见具有证据能力和证明力，但专家必须出庭质证并接受法庭质询后方由裁判者决定是否采信；有的法院容许笔迹鉴定专家明确的笔迹鉴定意见证言进入法庭（包括肯定同一或否定同一），但法庭并不会采信这类证据，仅用于帮助法庭认识案情；还有的法院则直接排除笔迹鉴定专家证人证言的采用。

对美国笔迹鉴定发展影响深远的是麦克·赖辛格（D. Michael Risinger）、马克·登博克斯（Mark P. Denbeaux）及迈克尔·萨克斯（Michael J. Saks）三位教授的研究，他们于1989年因为发现笔迹鉴定的研究记录较少以及实践运用实例档案资料缺乏，于是对此进行了一系列的深入调查研究。他们发现一方面，文件检验的错误率高，不符合科学证据的要求；另一方面，没有足够的证据表明受过专门训练的专业人员在文件检验中犯的错误，会比没有受过专门训练的人员所进行的文件检验的错误率低。为此，他们对笔迹鉴定是否真实、准确、合理表示质疑，并公开发表文章建议法院在涉及笔迹鉴定的案件的审理中，应当对笔迹鉴定的专家证言审慎审查，以免错误认定、错误裁判。三位教授认为，鉴定人根据待审查对象过往书写标准的样本，来鉴定涉案存在争议的文书是不是该对象本人所写，基本上就像占星学预测人的未来、气象学预测天气一样充满变化。要得到一个科学的、确定的鉴定结果，必须重点进行实证研究。基于实证研究的发现，三位教授进行了认真分析，得出了与笔迹鉴定为法庭科学的矛盾之处。科学知识应当是可验证、可重复的，但检视现有的笔迹鉴定专家所依据的专业知识，在经验上无法验证，即笔迹鉴定所称的专业根本无法证明其科学存在。① 这篇文章的公开发表，迅速引起了理论学术界文书鉴定、证据法学、法科学等各个领域专家学者的注

---

① 朱富美.科学鉴定与刑事侦查[J].北京：中国民主法制出版社,2006:351.

意，并引起了各种理论及学术的争鸣。但该文章在司法实务界却没有足够的影响，其观点和意见并没有得到法庭的支持，笔迹鉴定的传统专业知识仍然一如既往在法庭适用。但在 2000 年之后，因为笔迹鉴定所运用的专业知识面对质疑还是没有新的进展，无法证明其自身确实具备法庭科学所应有的专业知识，笔迹鉴定在理论实务界遭受到的质疑甚至指责逐渐加大。笔迹鉴定在将近一个世纪中作为科学证据提供司法证明，并被法庭普遍接受，但在过去的十几年里，法庭对笔迹鉴定专家的作用及专家证言的可采性开始重新审视。一直到目前为止，美国关于笔迹鉴定的研究所依据的专门知识是否是有效的科学知识仍然存在争议，各方没有达成一致。

德国认可笔迹鉴定的证据效力，并对其做出明确规定。《德国刑事诉讼法》第 93 条规定：刑事案件的申办，如果发现涉案文书物证或该文书物证的制作人存在争议，需要进行真伪鉴别，则应当聘请鉴定人对笔迹进行鉴定。笔迹鉴定的启动由法官或检察官决定，因此主导和支配笔迹鉴定实施的是法官和检察官。对于被告笔迹鉴定权利的救济，德国刑诉法规定了被告可以申请重新鉴定。被告人基于以下几种情况可以向法院申请对涉案笔迹进行重新鉴定：

1. 发现完成笔迹鉴定的鉴定人资质不符，不具有相应的专门知识；

2. 几份鉴定意见冲突矛盾，不能指向同一事实；

3. 鉴定的结果与鉴定依据的事实缺乏关联性；

4. 有其他的鉴定人使用的鉴定方法更优越，其对鉴定结果的论证更加科学可靠。

由于德国系大陆法系国家，其"内心确信"的证明标准在笔迹鉴定结果的适用上也会同样对待，如果鉴定人出具的鉴定意见不是确定的，而是诸如"有高度可能属于某人书写"，则法庭不能以此证明该被告人有罪。因为刑事案件的证明标准是十分严格的，高度可能的鉴定意见意味着仍然存在怀疑，那么一份非确定性的证据是不能据以定罪的。但这样的鉴定意见并非完全排除在法庭之外，考虑到人类认知能力的相对有限和现实不完善，高度可能、接近确信的鉴定结果在现有的笔迹鉴定知识体系里已经无法提出怀疑的理由，已经是一种最高可能的确信。因此，现代德国的司法实践将这种鉴定结果作为间接证据，认为其具备法庭所需的证据能力。

因此，基于专门知识的鉴定人出具的笔迹鉴定意见，德国法院承认其证据的证据能力①。在大陆法系中，法官和检察官会基于以下三种情况来决定是否进行笔迹鉴定：

1. 裁判者其自身的知识、经验不足以实现对该笔迹的客观认识，需要有更专业的帮助；

2. 裁判者根据其自身的知识、经验来做出涉案事实认定，但现有涉案证据让其无法确信正确，存有疑问；

3. 如果进行笔迹鉴定，裁判者会因为笔迹鉴定意见的证明内容而获取更为客观、正确的案件资料，更能准确判断案件事实。

日本笔迹鉴定开始于古书画的鉴定，最早从事笔迹鉴定的是日本战国时代的古笔了左。古笔了佐本名平泽范佐，其"古笔"的姓是由丰臣秀次授予的。平泽范佐儿时随其父亲到东京，拜到当时十分有名的一位叫鸟丸光广的贵族名下进行歌舞学习。而鸟丸光广除了熟谙歌舞，对古书画鉴定也十分在行。平泽范佐在鸟丸光广的指点和影响下，也开始对古书画鉴定进行研究，并且走上了专业鉴定之路。后来丰臣秀次在平泽范佐的鉴定书

---

① 杜志淳,宋远升.笔迹鉴定证据的原理采撷与法律判读[J].华东政法大学学报,2009(2):34-40.

上按下琴山之印，并且为其授予古笔姓。通过不断实践，古笔家族成了日本江户时代古字鉴定的专业权威。古笔对古字的鉴定方法影响至今，现代日本民间的古字鉴定方法基本与其如出一辙。由于当时的条件有限，不同于现在的科学技术方法手段的广泛运用，其鉴定方法主要靠鉴定人的感觉和经验。实施鉴定时，鉴定人首先看字画整体的画风、墨色和纸质，然后看字画材料的外形和保存状态。这种判定需要鉴定人具有很高的书画认知和鉴别经验，如果随意判定，不断出现错误就会使其失去信任。古笔家族为了丰富素材，提高识别鉴定能力，收集了各个时期、各个地方的名家书画，并将书画上的字迹做成数据库，对字迹的特征、规律进行详细分析，并通过组织学术研讨会来解析和深入认知。明治时期以后，随着日本司法审判制度的建立和发展，笔迹鉴定开始在法庭审理中应用。但司法实践主要适用的并非古笔鉴定法所鉴定的古字画或名家字画，其鉴定对象主要涉及合同、遗书等物证上的普通人笔迹，古笔家族建立的名家书画字迹数据库也在法庭审理所涉的笔迹鉴定中不再适用。大正时代后期，日本的笔迹鉴定得到更多发展，从欧洲留学归来的金泽重威在原有笔迹鉴定知识技术体系的基础上开始研究笔迹鉴定的分类。昭和十年，金泽重威的助手高村严取得了更多的研究成果，提出了与欧美文字笔迹不同的汉字鉴定方法。1948年，日本科学搜查研究所成立，该研究所专门设立了文件鉴定科，即现在的日本警察厅警察科学研究所。进入大战后的民主主义混乱时期，日本发生了诸多文件事件，包括威胁文书事件、失踪事件，以及针对虚假文件的捏造文件、伪造合同、伪造遗嘱等众多案件，笔迹鉴定成为司法的迫切需要，日本警方开始在案件办理和司法诉讼中正式开始进行笔迹鉴定的研究①。

---

① 吉田公一.文書鑑定の変遷と現状[J].警察学論集,1988,10(41):62-75.

笔迹分析发源于法国和意大利，弘扬于德国，并成为心理学的正统分支。三百多年前，法国和意大利的笔迹爱好者们就曾意识到字母中的笔画能够反映书写人的某些个性特征，并经长期研究和探索，从感性认识逐步走向理性认识的同时，又得益于奥地利心理学家弗洛伊德的精神分析说、阿德勒的个性心理学、法国心理学家勒森的人格类型理论的启发和引导，一百多年前，笔迹分析技术逐步走向成熟。人们采用实证研究方法，长期大量地分析、统计笔迹中投射出的书写人个性气质、心态等特征，得出了定性和定量结论。进入现代社会以来，笔迹分析技术在西方一些国家和以色列、日本等国已逐渐渗透到各个领域。据统计，德国有 80% 的大型公司，以色列、比利时等国家有 50% 以上的大公司都使用笔迹分析技术来决定人才的选用，美国则有 3 000 多家大型企业配有笔迹分析专业人才，而且数量和比例正处于不断增加的趋势，由此可以看出，笔迹分析在世界许多发达国家均具有广泛的应用，发展较为成熟。

三、现代笔迹鉴定的发展

过去 20 年里，一个对于司法鉴定证据怀疑的时代已经来临 ①。美国著名物证技术学家麦可唐奈说："物证总是耐心地等待着真正识货的人去发现和提取，然后再接受内行人的检验与评断。"②

笔迹鉴定技术在法庭科学中具有十分重要的地位，其证据属性系法定八

---

① SEE DONALD E SHELTON.Forenic science evidence and judicial bias in criminal cases[J]. The Judges' Journal,2010(49):18.

② ［美］阿尔弗雷德·阿伦·刘易斯.血痕·弹道·指纹传奇[M].何家弘,译.北京:群众出版社,1991:133.

大证据之一的鉴定意见。但从实践来看，笔迹鉴定的发展尚与法庭对证据的要求有一定的差距，目前笔迹鉴定的标准化、微观化不够完善，计算机自动化、统计分析以及仪器分析等方法未能充分应用于解决笔迹鉴定的难题，字迹书写时间鉴定一直是现存的难点。诉讼及庭审，都期待更加完善和科学的笔迹鉴定技术。整体来看，当前笔迹鉴定技术正朝着如下六大趋势发展。

（一）笔迹鉴定朝着标准化方向发展

我国司法鉴定没有立法，且笔迹鉴定技术缺乏成熟机制，没有形成统一的标准化体系，特别是针对《司法鉴定程序通则》所指行业里大多数专家认可的标准，许多机构将其做成了主观化标准，导致在一些案件中出现相反的笔迹鉴定意见，原本应该科学可靠的鉴定意见却让法庭陷于证据的混乱无所适从，这会导致司法鉴定公信力的降低。笔迹鉴定应该从鉴定的主体、客体、程序、方法，以及笔迹鉴定的文书等各个方面制定科学完善的标准，从而实现鉴定的可靠性。

（二）运用统计分析方法促进笔迹鉴定技术的发展

笔迹鉴定的科学化，需要对笔迹特征的个别化和稳定性进行科学认知，统计分析方法是一种很好的研究方法。通过对笔迹特征的种类、数量以及表现形态进行识别统计，从而分析、寻找并确定特征的质量、鉴定价值，并探索特征价值所呈现出的鉴定规律。当特征的类别、价值标准确定，特征的价值规律明确后，笔迹鉴定的计算机自动识别系统也能够有充分的发展空间。因此，统计分析方法在笔迹鉴定中快速发展，将使笔迹鉴定的标准化、规范化进程加快。

（三）笔迹鉴定朝微观化方向发展

笔迹鉴定的好坏和成败往往就在于能否放大细节，每个个体书写的特质，往往会在细节中得到真实的体现。从书写习惯及书写动力定型形成的机理可以发现，人们在反复练习文字符号的过程中，各种书写动作通过多次协调不断强化而实现书写动作自动化的动力定型结果，横平竖直、点线弯钩的文字符号，因为不同人不同生理结构、不同机体力量、不同个性特征影响的书写动作，其对笔画的协调控制能力各不一样，而且越复杂、越精细的细微笔画书写部位体现的书写个体化协调控制能力的差异越稳定，且越能体现书写个体的特定性。这种书写自动化锁链的动作系统在书写个体习得后的反映是十分稳定的，受到任何书写信号刺激，书写个体都会应激化地自动将这些特定的书写动作系统再现出来。众所周知，特定性、稳定性、反映性是物证鉴定的三个重要因素，研究笔迹的微观化，就能更多地捕捉笔迹特征的特定性和稳定性特点，为笔迹鉴定提供充足的依据。

（四）计算机自动笔迹识别技术将在笔迹鉴定中广泛运用

计算机以其超强的运算能力，以及传输快捷、准确高效、异地同步、存储量大、自动化程度高等特点，在笔迹特征的识别和抓取、海量信息比对处理、智能一体化结果呈现等人工辅助鉴定方面作用突出，为笔迹鉴定的智能化、精细化提供发展契机。而且随着计算机技术的发展，其更多的科技成果在笔迹鉴定技术中应用转化，将在未来为这门鉴定科学提供等多的路径和方法。

（五）仪器分析将取代经验更多为笔迹鉴定提供客观的鉴定依据

根据笔迹的形成要素，笔迹是书写人的书写运动器官在文字符号等书写动作规范的指引下，使用书写工具实施一定的书写动作在纸张等书写载体上所形成的动态痕迹。由此可知，笔迹鉴定是一种时空要素下对笔迹特征进行系统认知的过程，其形成的每个要素均或多或少地在笔迹特征中以一定的痕迹存在。仪器分析就是利用仪器的物理、化学方法，去捕捉和放大这种痕迹，超越人眼等视觉判断的局限，为笔迹鉴定提供更多的信息。另外，仪器分析技术对鉴定检材仅仅微损或无损，因而检材的完整性相对不受破坏，仍然可以无碍于其他检验方法的应用。

（六）手写字迹形成时间的鉴定将成为研究突破的热点

司法实践中出现了大量的文书物证材料在查明真伪时需要对笔迹的形成时间进行鉴定，但目前笔迹形成时间鉴定技术尚不成熟，这种供需的矛盾必将促进这门鉴定科学的现实发展。目前笔迹形成时间鉴定已经有了众多仪器分析检验方法和物理化学检验方法的技术实践，但均未能取得足够的成熟技术使之广泛应用。另外，现在的笔迹鉴定也已经开始向快速检验、超微量检验、无损检验方向，以及自动化半自动化的技术检验方法和文件人工老化的试验技术等方面发展，不断探索笔迹形成时间鉴定的技术突破。

现阶段，笔迹量化检验亦是国内外文检专家多年的诉求，也必将成为笔迹检验发展的方向。美国文检学会前主席，现任美国法庭科学咨询公司主任的文检专家林顿·穆罕默德（Linton Mohammed）博士、美国圣地亚哥州立犯罪学实验室的吉尼亚·亨特（Ginea Hunter）女士和美国加州大学心理学系的迈克尔·卡利吉乌里（Michael Caligiuri）先生共同在 2018 年 6 月出版的

美国文检学会期刊 *Journal of ASQDE* 中，发表了名为"Kinematic Validation of FDE Determinations about Writership in Handwriting Examinations: Preliminary Study"(《利用笔迹动力学特征验证文检鉴定人在笔迹同一认定中做出的结论：初步研究》)的文章。该文中，作者阐述了美国当前笔迹检验现状，目前笔迹检验主要依靠笔迹传统特征检验，用于检验书写笔迹精确性的"黄金标准"，文检鉴定人笔迹检验案件的结论，缺少客观的数据量化分析支撑，对法庭诉讼造成困难。基于此，该书作者搜集了一些人在书写过程中比较有特征性的数据，比如书写人的书写压力、书写速度、连贯性等书写特征作为依据，来增加文检鉴定人对笔迹鉴定结论的信心，并且能对笔迹鉴定人做出的结论起到验证作用。作者通过使用数字手写板，搜集了 37 个不同人在不同书写条件下的原始笔迹签名以及所对应的摹仿签名后，对实验数据中笔迹的动态特征，如书写速度、书写压力、书写角度、书写时间，以及各个部分细节特征，进行了进一步的概率统计分析。与此同时，作者邀请了一些经验丰富的文件检验鉴定人，依靠他们的自身经验直接对这些签名笔迹做鉴定。实验数据表明，文检鉴定人在做出所有"认定同一"的案件中，并且最终结论是正确的情况下，检材和样本的动态特征相关性是相对非常高的。然而，鉴定人在某些案件中只根据笔迹特征做出的"认定同一"，由于未考虑笔迹的动态学特征，为此其鉴定结论是错误的。这也就说明，笔迹动态特征，特别是笔力变化特征、运笔角度特征、书写速度特征的数据，可以对笔迹鉴定，特别是对容易出现错误的结论，起到验证和辅助的作用。

第三节　笔迹鉴定的法律规定与鉴定程序

笔迹鉴定属于物证鉴定的一种，且归类在文书鉴定之中。物证鉴定属于广义的司法活动，由于鉴定意见形成的科学性，鉴定人通常被人称为"白衣法官"，其鉴定的结果对事实认定和案件裁判影响巨大，基于此，笔迹鉴定应该遵循严格的法律规定及程序规范。

一、笔迹鉴定的法律规定

刑事领域中的笔迹鉴定主要为侦查、审判服务。近代中国在南京国民政府时期颁布的《刑事诉讼法》对刑事领域内的鉴定列有 14 条法律规定，对鉴定做了若干原则性规定。除此之外没有其他专门规范笔迹鉴定的鉴定法律法规，也没有针对笔迹鉴定的具体规则和技术标准[①]。鉴定法律、制度规范的不健全、不完善，直接导致近代刑事领域中的笔迹鉴定独立

[①] 沈臻懿.笔迹鉴定在近代中国的早期实践[J].山西师大学报(社会科学版),2010(6):49–51.

性、专业性以及中立性等较差。同时近代中国因为遭外敌入侵、连年战乱等各种因素，仅有的若干笔迹鉴定业务基本集中在警察系统、司法机关内，为刑事案件的侦破、审判服务，笔迹鉴定开展并不普及。而其中在警察系统内，最先开始实践的是上海市警察局，该局的刑警处鉴识科专门设立笔迹部，从事笔迹鉴定实务工作为刑事案件服务。随后，其他一些重点的省、市也建立了笔迹鉴定部门，拥有少量专门技术人员。各警官学校的专业课程中，也开始设立文书鉴识课程，教授笔迹鉴定的知识。但整体来讲，近代中国并没有建立笔迹鉴定的法律和制度，使笔迹鉴定没有得到长足的发展。由于制度的不完善，鉴定专业性工作并没有得到规范，而且因为对从事笔迹鉴定的人员没有明确、规范的任职资格要求，导致鉴定人员缺乏自我定位、缺乏自我发展预期，因而近代中国很少有专职或专门从事笔迹鉴定的鉴定人。因为警察部门、司法部门的法医工作是常规也是重要的部分，基本属于常列技术人员，因此司法实践中笔迹鉴定的工作常常由法医来兼职完成。可想而知，法医与笔迹鉴定专门人员的专业知识体系具有差别，兼职笔迹鉴定的法医是很难具备足够的笔迹鉴定专业技能的，这也造成了办案实践中鉴定的差错率高而准确率低。

新中国成立后，国家法治建设不断发展、进步、完善，建立在大量专家、学者对证据、鉴定的研究，以及法律不断修订的基础上，关于笔迹鉴定的法律规定日趋健全，司法实践中笔迹鉴定的应用也越来越多，其在息诉止讼、化解纠纷矛盾，以及查明事实依法裁判等方面发挥了积极的作用。笔迹鉴定的法律规定包括笔迹鉴定意见证据属性的规定、笔迹鉴定启动和实施的规定、举证和质证的规定，等等，主要见于三大诉讼法及相关司法解释中。

（一）笔迹鉴定意见的法律属性

《中华人民共和国民事诉讼法》第六十三条规定："证据包括：（一）当事人的陈述；（二）书证；（三）物证；（四）视听资料；（五）电子数据；（六）证人证言；（七）鉴定意见；（八）勘验笔录。证据必须查证属实，才能作为认定事实的根据。"《中华人民共和国行政诉讼法》第三十三条和《中华人民共和国刑事诉讼法》第五十条也都有类似的规定。从上述法律规定中可以看出，笔迹鉴定意见的法律属性是证据。

（二）笔迹鉴定的启动和实施

我国三大诉讼法及司法解释对证据的规定，都对鉴定意见进行了明确。比如《中华人民共和国民事诉讼法》第七十六条规定："当事人可以就查明事实的专门性问题向人民法院申请鉴定。当事人申请鉴定的，由双方当事人协商确定具备资格的鉴定人；协商不成的，由人民法院指定。当事人未申请鉴定，人民法院对专门性问题认为需要鉴定的，应当委托具备资格的鉴定人进行鉴定。"第七十七条定："鉴定人有权了解进行鉴定所需要的案件材料，必要时可以询问当事人、证人。鉴定人应当提出书面鉴定意见，在鉴定书上签名或者盖章。"《全国人民代表大会常务委员会关于司法鉴定管理问题的决定》（2015 年修订）、《司法鉴定程序通则》（2016 年修订），都对司法鉴定的委托、受理、实施（包括回避）等进行了规定，笔迹鉴定作为物证类司法鉴定的一个执业分类，应受到相应的规范。

（三）笔迹鉴定的举证和质证

关于笔迹鉴定的举证和质证，我国民诉法在证据一章中规定得比较仔细,《中华人民共和国民事诉讼法》第六十四条规定:"当事人对自己提出的主张,有责任提供证据。当事人及其诉讼代理人因客观原因不能自行收集的证据,或者人民法院认为审理案件需要的证据,人民法院应当调查收集。人民法院应当按照法定程序,全面地、客观地审查核实证据。"第六十五条规定:"当事人对自己提出的主张应当及时提供证据。人民法院根据当事人的主张和案件审理情况,确定当事人应当提供的证据及其期限。当事人在该期限内提供证据确有困难的,可以向人民法院申请延长期限,人民法院根据当事人的申请适当延长。当事人逾期提供证据的,人民法院应当责令其说明理由;拒不说明理由或者理由不成立的,人民法院根据不同情形可以不予采纳该证据,或者采纳该证据但予以训诫、罚款。"第六十八条规定:"证据应当在法庭上出示,并由当事人互相质证。对涉及国家秘密、商业秘密和个人隐私的证据应当保密,需要在法庭出示的,不得在公开开庭时出示。"第七十条规定:"书证应当提交原件。物证应当提交原物。提交原件或者原物确有困难的,可以提交复制品、照片、副本、节录本。提交外文书证,必须附有中文译本。"第七十八条规定:"当事人对鉴定意见有异议或者人民法院认为鉴定人有必要出庭的,鉴定人应当出庭作证。经人民法院通知,鉴定人拒不出庭作证的,鉴定意见不得作为认定事实的根据;支付鉴定费用的当事人可以要求返还鉴定费用。"第七十九条规定:"当事人可以申请人民法院通知有专门知识的人出庭,就鉴定人作出的鉴定意见或者专业问题提出意见。"

实践中对笔迹鉴定的申请由谁提出,应当根据具体案情的不同而分配。根据通常的"谁主张、谁举证"的证明责任规定,在诉讼过程中,各方当事人均应当对自己的主张提供证据证明,从而使有利于自己的案件事实在法庭上得到充分体现，以免该事实变得真伪不明，而最终承担对自己不利的诉讼后果。与此相对应，如果一方当事人需要对另一方当事人已经具备证据能力的证据进行反驳或否认时，则需要承担起自身的举证责任。比如在一起借贷纠纷的案件中，原告对借贷关系的成立完成了举证责任，向法庭提供了有被告签名字样的借条，此时如果被告否认借贷事实，提出借条上签名并非其本人亲自书写，则被告为了举证就应该申请进行笔迹鉴定；如原告不能充分举证，完不成其自身的证明责任，则对该借条的真实性应当由原告来向法庭申请笔迹鉴定，证实借条是被告本人书写。被告如果继续否认这一借贷事实，其必须就其抗辩进行新的举证，承担另外的举证责任。最终法庭对事实的查明，就在这样的证据攻防转换中完成。

二、笔迹鉴定的程序

笔迹鉴定不仅需要科学的理论做指导，而且必须按照科学的程序和方法来严格施行。程序正义大于实体正义，是因为程序的制订是人为可控的，是为了促进和保障实体正义而控制构建的，程序正义是确保实体正义的前提和基础。笔迹鉴定的程序控制，是实现笔迹鉴定科学、准确的重要前提。

笔迹鉴定的程序通常包括委托与受理、检验、综合评断出具鉴定意见三个主要阶段，目前有的研究把质证与出庭作为笔迹鉴定的第四个主要阶段。随着法治建设的进步和诉讼程序意识的加强，为了确保鉴定意见的可采性与证明能力，诉讼法及相关司法解释特别是相关理论与实践研究，都强调将鉴定意见全面展示在法庭、展现在裁判者及各诉讼参与及主张者的面前，鉴定意见应当接受法庭质证，通过控辩双方或原被告双方在庭审中的对抗，方可最后成为定案的依据。

（一）鉴定受理

笔迹鉴定的受理主要是鉴定机构对送检单位或送检人送检的案件情况进行了解，对鉴定要求进行审查；符合受理要求的，对鉴定材料进行审查并登记，签订鉴定委托协议，进行鉴定告知。

送检单位或送检人前来委托笔迹鉴定，首先，要了解其是否具备送检人（送检单位被认为是法人，因此也用送检人来统一指代）资格条件，是否是当事人或者是有权处分的人，如果是送检单位，则来人是否具有授权等；其次，要了解案件的基本情况，包括案件的性质、案件的发生与发展，笔迹形成的条件（如书写工具、书写环境、书写条件等）；是否已经鉴定，如是，应提供原鉴定报告的情况；再次，应审查鉴定委托是否符合国家法律及政策规定，鉴定要求是否符合技术规范，是否符合证据应用要求；最后，要根据鉴定材料及送检人提出的鉴定要求，审查其是否具备鉴定条件，本鉴定机构是否具备完成鉴定的技术条件和技术能力。

经形式审查符合受理要求，具备鉴定条件的，应当对鉴定的材料进行审查，并对鉴定材料分别做唯一性登记。要准确鉴定需要鉴定的笔迹，确认送检笔迹的物证是否为原件，要核实样本是否为被鉴定对象（此处指鉴定需要确定字迹是否为其所写的自然人，下同）亲笔书写，样本数量是否充足，样本笔迹是否与待鉴笔迹具有同期性，样本笔迹的书写是否与待鉴笔迹具有可比性（比如字迹的规范写法和艺术写法之间，往往不具备可比性），等等。样本笔迹通常包括自然样本和实验样本，自然样本是指被鉴定对象在日常工作和生活中在相应场景下自然书写的字迹，按形成时间又区分为案前自然样本和案后自然样本；实验样本是形成于鉴定委托的需求提起之后，根据分析待鉴字迹的形成条件，控制并模拟相应条件（如书写工具、承受物、书写姿势、伪装手法等）由被鉴定对象书写形成的笔迹。实验样本的提取，务必按照程序进行，并记录完整。确认书写人身份信息，确认是否本人，确认书写条件和书写状态是否符合控制条件（特别注意是否为正常书写，是否存在刻意伪装，如是否有意摹仿等情况），提取实验样本应该在鉴定人、见证人的共同参与和见证下完成，实验样本提取材料上还需要有鉴定人、见证人的签字。通常，提取实验样本还要求书写人在站姿、坐姿等状态下，快写、慢写、正常书写等一定数量的字迹。不管是检材字迹还是样本字迹，都应该做好唯一性登记，并由委托人签字确认。同时，应和鉴定委托人签订委托书，对基本案情、鉴定材料的收取、委托鉴定要求、鉴定收费、鉴定时限、是否申请回避、鉴定风险及鉴定事项告知等进行明确，然后双方签字（或盖章确认），各执一份。如需补充鉴定材料，应当向委托人出具鉴定材料补充通知，写明需补充材料的名称、数量、提交的时间、提交的方式、联系人、联系地址，等等。

（二）检验

检验通常分为分别检验和比较检验，检验前首先准备好仪器设备及相应的检测工具，并找准检验鉴定的技术规范或标准、体系文件。接下来对检材笔迹和样本笔迹进行分别检验，分析检材样本笔迹并选择特征，是进行笔迹鉴定的第一步。其主要任务是：分析研究检材的书写方法，有无伪装或变化，伪装的手段和变化原因，以及笔迹的变化程度，并在此基础上选择供比较检验的笔迹特征。比较检验以检材上的笔迹特征为主要依据，对同样本上的笔迹特征进行比较，发现两者之间的异同，并制作特征示意图和特征比对表。

（三）综合评断出具鉴定意见

综合评断出具鉴定意见，是笔迹鉴定最关键的一步，该环节将比较检验的信息进行综合分析，对符合点和差异点进行权衡和评价，根据特征的价值进行主要矛盾、特征本质的区分，最终依据鉴定技术规范形成鉴定人的内心确信，出具鉴定意见。作为文书物证鉴定的笔迹鉴定不同于痕迹物证鉴定的是，痕迹物证痕迹形态反映直接来自有形客体，其变化亦往往来自客观世界的因素影响，因而对痕迹的认识往往直观、直接；但笔迹鉴定虽然也反映了书写人书写的客观状态，但其受到的影响因素远远多于痕迹，尤其重要的是，其掺杂了书写人的主观状态的影响，主观因素导致的变化更难被准确捕捉并认知，这也是人们认为笔迹鉴定更多是经验性鉴定的重要原因。鉴定实践也确实如此，很多人认为笔迹鉴定容易入门，但真正要做好做准、科学准确地完成鉴定综合评断，形成可靠的鉴定意见，特别是针对那些疑难、复杂的笔迹鉴定，是十分艰难的。当鉴定意见形成后，鉴定机构应按照鉴定文书制作的要求完成文书审查及制定，并由鉴定人审核、签字，最终发出。这个过程虽然也是笔迹鉴定的程序和环节，但由于技术性工作没有明显的独立性，因此就没有另外分阶段，而直接列入本鉴定程序。

（四）质证

质证主要是在庭审阶段进行的。由鉴定人出庭作证的法律规定可知，现代诉讼制度的发展要求增加证据的对抗，以确保证据发挥其证明作用。

由于鉴定意见有着科学的外衣，因此人们常常将鉴定意见直接当成科学证据，无论何时都有限予以认定或采信。但其实我们知道，鉴定意见虽然是客观检验的结果，但最终鉴定意见的出具，是鉴定人对检验现象的主观评价，因此，鉴定意见既有客观性、科学性，同样也有主观性。这样，鉴定意见的本质就是一份证据，并没有优先于其他证据的特别之处，通过诉讼参与各方对笔迹鉴定意见的质证，能够使笔迹鉴定意见的形成是否科学客观、笔迹鉴定意见所证明的事物是否确实可靠等问题得到更全面、更深层次的辨析，从而真正实现笔迹鉴定对案件的证明作用。

2

第二章
笔迹鉴定的理论依据

　　苏联著名教育家及心理学家赞可夫说，理论知识是掌握自觉而牢固的技巧的基础。唯物辩证法告诉我们，任何事物的发展都是内因和外因共同作用的结果，内因是事物发展的根据，外因是事物发展的条件，外因必须通过内因才能起作用。

第一节 笔迹鉴定的同一认定理论

所谓同一，从哲学上讲就是表示事物或现象同其自身相等、相同、属于一样的范畴。作为犯罪侦查学鉴定与物证鉴定主要理论基础的同一认定，所要解决的物的"同一性"问题，和哲学认识论中的"同一性"不同。哲学中的同一性，所要解决的是事物的共性问题，其研究事物的范畴涉及两个以上事物之间的关系；而物证鉴定的同一认定所研究的同一性，其关注的是物自身与自身之间的关系，要解决的是物的特性，即个性问题。

一、物证鉴定中的同一认定理论

在物证鉴定中，同一认定是研究对在案的嫌疑人或嫌疑物在科学技术手段的鉴识下被确定与涉案的同案件事实关联的特定人或特定物是否同一的科学理论。其研究指的是涉案特定物自身和自身的统一。同一认定是依据涉案人或物这种客体先后出现在案件当中，客体虽经两次或两次以上运动变化，但特征稳定且得到反映的机理，从而依据客体特征来判断是否为同一客体的运动结果的认识活动。同一认定既是认识客观事物的基本方法，又是物证鉴定的主要原理，体现人们对客观事物的认识能力。首先，"同一"是表示事物或现象同其自身相等同的范畴，或者说系多个出现的事物或现象是否系某个客体运动变化的结果。在不同的个体之间，无论两个或多个个体多么相似，他们依然是不同的个体，有着本质的差异；其次，在理解同一认定概念时须明确一点，即同一认定的客体要在人们的认识过程中其运动变化出现过两次或两次以上，基于此方有同一认定活动的进行。

司法实践中的物证鉴定，涉案客体的第一次出现往往是与所要认定的案件事实相联系，且留下了可供检验的特征反映体或特征反映形象。所谓特征反映体就是以一定形式反映客体特征的实体，往往对应立体痕迹；特征反映形象即以一定图像反映客体二维特征的实物，往往对应平面痕迹。客体的第二次出现一般是某种侦查、调查或审查活动的结果。在侦查学鉴定中，第一次出现的客体称为"被寻找客体"，第二次出现的客体称为"受审查客体"。无论是特征反映体还是特征反映形象，其本身也是客观存在的客体。同一认定是两个或多个反映客体之间的认定，若某客体仅在人们的认识过程中出现过一次，即如果仅有一个反映客体，那么同一认定就无法进行。

认定同一，指客体自身和自身的同一，表现在客体的主要特性（通过特征表现）与自己相符合，这又被称为"特定同一"。但实践中有时限于客观条件，只能认定到"种类同一"。种类同一只说明两者相似，具有某种或某几种关键共同性特征，但不能说明两者同为一物，因此，"同一"与"相似"是有严格区别的。在侦查学鉴定实践中，只有认定为特定同一，才能确定受审查的嫌疑客体与犯罪事件之间的联系。种类同一的肯定结论，只能缩小侦查范围，提供侦查及调查方法。种类同一虽然不能从肯定的角度查明事实，但其从否定结论的角度，可据以排除嫌疑。同一认定作为一种审查物证的原理和方法，侦查、审判人员在勘验中都可以运用，但只有鉴定人运用同一认定理论和方法做出的结论，才可以称为鉴定意见，具有证据效力。

从认识论的角度，要完成同一认定这一活动，必须是涉案客体有客观运动变化，并且运动变化两次以上。同时，这种运动变化的结果能够以一定的稳定状态呈现，能够被感知、被认知。因此，同一认定理论在物证鉴定中的运用，还必须把握其三个特性：第一，客体的特殊性是进行同一认定的鉴别依据；第二，客体的相对稳定性是同一认定的基本条件；第三，客体特征的反映性是进行同一认定的客观基础。

二、笔迹鉴定同一认定的假定

之所以能够对各种物体进行同一认定，是因为作为同一认定的客体物具有特定性和稳定性。客体物的特定性，把这一物和任何其他物相区别并且是正确地进行同一认定的物质基础；客体物的稳定性，是能进行同一认定的客观条件。客体物的特定性是绝对的，客体物的稳定性则是相对的，因为客观上没有一成不变的物体。任何司法鉴定意见都是科学推断的结果，因而任何笔迹鉴定都有其特定的科学依据。笔迹鉴定的同一认定，有从书写物质的物质属性进行同一认定的，更有从个体书写习惯的角度进行同一认定的，或者是主要以书写习惯特征为基础进行鉴定，书写习惯同一认定原理中，有以下两个基本假定作为主要支撑。

（一）书写习惯具有特定性

长期的书写活动会使人形成一定的书写习惯，这种书写习惯在字迹中所能够呈现出的一些较为固定的特征，被称为书写习惯特征。如：起笔特征、落笔特征、运笔特征、字体字形特征，等等。由于不同的书写习惯所形成的字迹具有不同的特征，因而笔迹鉴定技术人员可以根据这些特征来确认特定的书写习惯。这种书写习惯的特定性，就是笔迹鉴定技术人员能够进行笔迹鉴定的客观基础。

（二）书写习惯具有相对稳定性

人的书写习惯一旦形成后便会在一定时期内保持不变，这是由个体的习惯性思维、记忆、习惯性动作和应激性反映等共同导致的。书写习惯的相对稳定，使个体的习惯特征和规律能够重复呈现，从而被感知并得以分析评判，书写习惯的相对稳定性是笔迹鉴定技术人员能够进行笔迹鉴定的客观条件。

通常笔迹鉴定中书写习惯同一认定的原理及操作过程就是，根据上述书写习惯特征及假定的科学原理和理论基础，对送检鉴定的涉案文书物证上的字迹材料（检材）和针对已知的涉案对象提取的书写字迹材料（样本）上的笔迹特征进行分别检验，找出其习惯性的、个体特定性的特征，而后比对二者之间的特征，在二者反映的书写痕迹特征存在本质相同的情况下，做出符合同一书写习惯的认定，在二者反映的书写痕迹特征本质不同的情况下，做出不符合同一书写习惯的认定。

三、笔迹鉴定同一认定的运用

众所周知，鉴定意见不同于证人证言之处就在于它不是鉴定人五官直接感受的结果，不是对案情的复述，而是对特定的专门性问题提出的具有科学性的结论性意见，是一个对所鉴定的文字符号信息进行科学加工的结果。笔迹鉴定同一认定原理的科学性，还在于利用这一原理进行鉴定时，笔迹鉴定技术人员直接借助检材本身，不需要其他的证据，就可以得出鉴定结果。因为笔迹鉴定技术人员分析认定书写特征，可以直接根据检材的检验结果来获取，必要时也可以借助于文检设备对检材中的特征进行进一步的验证。这种结果的获得是笔迹鉴定技术人员经过科学推断后所做出的鉴定意见，符合证据学中对鉴定意见的特殊要求。

现代同一认定的理论与实践研究起源于苏联，并且其对同一认定的理论研究比较丰富，但专门从笔迹鉴定领域的同一认定研究学术成果较少。英国学者大卫·艾伦(David Allen)在其著作《文件的科学检验：方法与技术》(*Scientific Examination of Documents：Methods and Techniques*) 中，对方法的阐述涉及了同一认定理论[1]。虽然西方国家对同一认定理论做出的研究文献相对不多，有"指印鉴定、笔迹鉴定、法医人类学、法医齿科学等领域内均存在同一认定，且同一认定在其中发挥着重要功效"[2]，但结合域外文献资料可知，西方学者在笔迹鉴定领域的同一认定研究焦点相对集中在笔迹特征及其比较方法[3]，另外对笔迹鉴定同一认定的认识结果，较为强调从标准化的角度对笔迹鉴定意见的表述方式进行规制[4]。

---

[1] SEE DAVID ELLEN.Scientific examination of documents：methods and techniques [M]. CRC Press,2006：15-37.

[2] SEE BARRY A.J.FISHER.Techniques of crime scene investigation[M]. CRC Press, 2004：93.

[3] SEE RON MORRIS.Forensic handwriting idetification：fundamental concepts and principles[M].Academic Press,2000：37-62.

[4] ASTM.Standard terminology for expressing conclusions of forensic document examiners[S].Designation:E1658-08.

笔迹对于书写活动形式的外在反映，其符号般地存在的外显形式，是笔迹鉴定同一性认定的基础。这其实就是书写痕迹的特性，客观世界中的各个客体都处于绝对运动的状态，客体相互之间接触和作用，也会通过一定的形式将这种运动变化的客观实际记录下来，而记录的呈现就是痕迹。广义上的痕迹，是指事物客观运动变化所留下来的印记或迹象。如果说这里所说的印记主要指主观意识感知，那么迹象就是指能被感知及可被观察测量的，以有形物存在的结果状态。在物证鉴定中，主要是研究狭义上的痕迹，及这里所说的迹象痕迹。痕迹具备这三个特性：客观存在性、形象反映性、本质认知性。即痕迹客观存在，是事物客观运动变化的结果状态，痕迹以有形的形象反映并呈现这种结果状态，痕迹有形的形象反映的是事物的本质特征。虽然在研究与应用实践中，通常将痕迹检验/痕迹鉴定与文书检验/文书鉴定区分开，但实际上，作为文书鉴定的一种，笔迹鉴定的同一性认定原理，也来自痕迹的这三个可认知的特性。个体的书写活动经反复练习而习得后会巩固形成稳定的书写习惯，其笔迹（书写痕迹）中外在反映出的笔痕、笔画线条、连笔、空间布局、排列组合等各种重要特征即成为帮助鉴定人对书写人进行同一认定感知的前提 ①。

同一认定根据笔迹的特定研究视角，在笔迹鉴定领域内进行科学认识，有其显著地区别于其他鉴定领域的特点：其一，笔迹鉴定是经验科学，体现鉴定人的主观认识因素；其二，鉴定人的经验在笔迹鉴定实践中发挥了重要的作用；其三，笔迹鉴定的程序、方法应当遵循科学与规范的

---

① SEE S C LEUNG, C K TSUI, WL CHEUNG, MWL CHUNG. A comparative approach to the examination of Chinese Handwriting—The Chinese Character[M]. Journal of the Forensic Science Society, 1985(25):262.

要求；其四，笔迹鉴定属于证据材料评价的专门活动①。

同一认定在笔迹鉴定中的运用，本质是通过反映个体特定性的书写字迹的检验来认定人身同一的一种科学实证。系统的同一认定理论形成虽早，但在早期的笔迹鉴定实践中并没有应用，"同一认定"这一专业名词在笔迹鉴定现有的史料记载中尚未发现，但有据可循的是近代关于同一认定的研究开始零星有记载出现在刑事领域的部分论著中。《现代犯罪侦查》中提道："如吾国学生之临赵、柳、颜等字帖是，但总可辨别个人的笔迹各不相同，如其面焉，……吾人的笔迹，有许多可以鉴识之特质，可称为学派及个人的特质。"②近代中国进行的笔迹鉴定实践已经认识到不同个体其笔迹特征的差异，可以通过笔迹特征与特定个体的反映性来进行人身同一认定。笔迹鉴定的研究符合个体特定性、特征的相对稳定性，以及笔迹对人身的反映性三大科学要素。近代笔迹鉴定领域的有关专家学者提出"总的笔迹个性"与"笔迹惯性"两个概念，"总的笔迹个性"指出个体书写特定性，"笔迹惯性"表达了个体书写的稳定性。近代笔迹鉴定的早期研究与实践，已经根据同一认定理论整理、归纳了可用于人身识别的一系列笔迹特征，并且绝大部分笔迹特征在当前的笔迹鉴定中仍然广泛运用。这些笔迹特征包括书写水平特征、布局特征、形体特征、用字写法特征、错别字特征、笔顺特征、搭配比例特征、运笔特征、笔痕特征等一般特征和个别特征，笔迹鉴定中通过对这些笔迹特征的综合应用，可以实现对各种书写字迹的鉴别和判断。

---

① 沈臻懿.笔迹鉴定视域中的同一认定研究[M].北京:法律出版社,2017:28-30.
② 余秀豪.现代犯罪侦查[M].上海:商务印书馆,1947:130.

第二节　笔迹鉴定的动力定型原理

　　"动力定型的形成与确立乃是一种紧张性非常不同的神经劳动……其改造仍然是要花费某些劳动"，"就得动力定型要保持某些时候，以后才会让位于新的动力定型。"[1] 长期动作快速、准确且连续对语言文字、符号的激励和反映而书写的笔迹，形成个体习得后稳定且固定的书写动力定型。这种个体的书写习惯一旦形成就会紧随个体的书写动作反映，一旦实施书写动作就会产生条件反射，将这种动力定型化了的内生记忆及运动自动外化，并且呈现为具有个体个性化特征的、形态相对稳定的各类笔迹。

　　这种内生的、定型化了的个体书写动作，通常不需要大脑的临时思维来指令书写器官去完成文字符号的视觉图像在书写载体上的再现，依靠运动感觉系统的应激反应就会自动调节手臂、手指等运动器官的运动，通过肌肉收缩与舒张来实现书写活动的完成[2]。

---

① [苏]巴普洛夫.巴普洛夫选集[M].吴林生,等译.北京:科学出版社,1955:283-285.
② 沈臻懿.笔迹鉴定视域中的同一认定研究[M].北京:法律出版社,2017:68.

一、动力定型的科学内涵

苏联高级神经活动学说创始人巴甫洛夫提出了动力定型的概念，他指出动力定型是一种条件反射系统，是个体生理在固定程序的条件作用下建立起来的暂时联系系统。[①] 在这一系统内各个条件刺激的呈现不是杂乱无章的，而是遵循严格的序列和时间，也就是说这种系统中的每个刺激都在一系列刺激反复训练后最终在大脑皮质的活动中形成一种定型形式，并巩固为确切且不变的效果，从而建立起个体的动力定型。动力定型的生理机制在个体身上反映很多，比如生活中养成的习惯、习得的技能以及个性化的生活方式，等等。

但由于人体是十分复杂的生物系统，因此动力定型具有稳定性但不是一成不变的，其也具有灵活性的特点。稳定性是指动力定型指引活动按固定程序进行的一种模式；灵活性是一种系统综合的衍射模式，在外部条件改变时，原有的动力定型通过新的练习取得新的适应使之更符合客观条件的需要。通常，诸如习惯之类的动力定型，稳定性较大，但灵活性较小；而技能之类的动力定型则与此相反，其灵活性会相对较大。因此，动力定型通过一定条件的反复刺激形成，但形成后如果出现新的刺激，这种新刺激的反复训练会使个体形成新的信号联系系统，从而对原有动力定型进行改造或发展。

根据动力定型形成在不同时相的特征，通常可分为以下三个阶段。第一时相的特征表现为兴奋过程扩散，此时条件刺激刚刚开始，暂时联系系

---

① [苏]巴普洛夫.巴普洛夫选集[M].吴林生,等译.北京:科学出版社,1955:283-285.

统呈现碎片化，易出现多余的刺激反应，这是兴奋扩散的原因引起的。第二时相的特征表现为兴奋过程逐渐集中，此时负诱导发生作用而抑制与该项活动无关的大脑反射的皮质区。语言指示、自我意识或自我暗示等在这一时相起很大作用，个体接受这些外界或自我的指令，就能出现制止那些不必要动作的效果，使接受刺激的皮质区域的兴奋过程更快集中，由此加速技能的形成。第三时相的特征是定型的巩固、完善和自动化，动力定型的建立是花费很多神经劳动的结果，经过一定时间的反复训练，并且越复杂的动作需要越长的时间和越多的训练次数，这样形成确切且稳定的刺激反应，并在外界条件的刺激下应激反应为做出相应行为。

二、笔迹鉴定中书写动力定型的科学解读

书写活动是一项复杂的条件反射行为，视觉与手部运动在书写中相互协调而影响笔迹呈现，大脑及书写规则也会约束或控制书写活动的完成[1]。因此，书写动作在人体各个器官、各个生理系统、各个部位生理机能的协调配合下整体建构[2]，而建构的结果就是，一旦出现书写条件反射，书写动作锁链系统就会完全自动化地完成书写。

在司法实践中要用笔迹鉴定解决诉讼争议"字迹由何人书写"的证明问题，其争议点的解决就是要求鉴定人员对某人是否书写了涉案争议文书物证上的争议字迹或者该字迹是否系同一涉案人书写进行识别和判断，即

---

① SEE KATHERINE,M KOPPENHAVER.Anorney's guide to document examination [M].Quorum Books，2002：87.

② 邹明理、杨旭.文书物证司法鉴定实务[M].北京：法律出版社，2012：30.

要解决涉案争议文书物证上的争议字迹书写情况的证据和证明问题。从证据学角度讲，对于涉案文书物证"字迹由何人书写"的事实证明，不仅仅是笔迹鉴定意见证据形成所需要的检材和样本，还包括涉案其他记录或说明这一事实的证据材料。换句话说，对"字迹由何人书写"的事实证明，从书写习惯同一的角度证明需要笔迹鉴定意见，从书写行为亲历者证言的角度证明需要有证言、口供、书证等证据，从书写工具的角度证明需要有书写工具物证、证言等证据，从书写人具备书写能力的证明角度需要有证言、书证等证据。其中，最直观的证据是，书写现场的亲历者（包括当事人和证人）的陈述或者记录现场书写行为的视听资料等证据。书写行为是一个动作过程，非亲历者目睹是不能作证的。因此，由于笔迹鉴定技术人员并没有亲历书写现场，其对"字迹由何人书写"问题的判别就只能根据涉案笔迹与待审查对象笔迹书写习惯相同的认知，对书写事实做出一种推测意见，而根据司法鉴定的原理及科学证据的本质要求，推测的意见是不能作为鉴定结果的。从这个角度说，笔迹鉴定专家不能基于证据学的要求来回答"字是谁写的"这一问题。

再从笔迹鉴定原理看，确定"字迹由何人书写"，显然仅有前述的书写痕迹同一认定原理还不够，还需要增加案设假定，即不同的书写个体书写习惯肯定不同，并因此促使不同的人会书写出不同的字。基于这个假定，笔迹鉴定技术人员对争议笔迹由何人书写进行鉴定时，只要判断字迹的书写痕迹相同，便能得出同一人所为的肯定结论，也就可以判定"字迹由何人书写"。但是，这一假定在实践中似乎很难行得通。首先，书写习惯的形成并非先天具备，也并非是一个自然过程，它是人们首先模仿已有的书写痕迹进行书写，在此基础上通过练习逐渐形成个性化的动作习惯。人们如果初期模仿选用或参照的笔迹相同，且书写环境和书写条件相对比较接近，则最终形成的书写习惯也会相当接近。其次，对他人笔迹的长期刻意模仿，会形成相同的书写习惯。这个假定的排除，意味着笔迹鉴定技术人员不能从司法鉴定原理上解决"字迹由何人书写"这一事实问题。但实际上如前所说，动力定型有稳定性亦有灵活性，动力定型来源于个体生理、心理、器官、机能对刺激训练得到的定型反应，因此，虽然可能存在同样的条件刺激，但由于不同个体对外界刺激反应不会完全相同，而且其训练的结果也因为个体的差异会带来定型的差异。因而，这种实践中的练习摹仿刺激能导致书写动力定型的相似，但不会导致书写动力定型的相同，也就是说，不同的个体其书写动力定型具有差异性是必然的。但这个问题在笔迹鉴定中应该得到高度关注，而且这种个体书写动力定型的独特性，与不同个体书写动力定型的差异性，如何评价、如何认定，刚好是笔迹鉴定中的重点和难点。对笔迹鉴定技术人员来讲，基本原理易懂，但实践操作很难，特别是鉴于动力定型的灵活性带来的个体书写字迹的多样性，使笔迹是否为同一人书写的肯定与否定之间常常使鉴定人处于游移之中，选择两难。

笔迹鉴定实践中，个体长期的书写所形成的书写习惯，体现在起笔、行笔、收笔、运笔等动作中，表现在笔画基本形态和笔力特征等方面。根据汉字笔画符号的特点，笔迹鉴定要分别对书写字迹的一般笔画特征、布局排版特征以及书面语言特征进行鉴定，这当中笔画的运笔特征鉴定价值最高，因为笔画间存在笔画交叉、笔画搭配和笔画连接等特征，鉴定运笔过程中有无停笔、收笔动作有无停顿，几个笔画是否由一笔完成等有鲜明的特点。

书写习惯是人类众多行为习惯中的一种，现代笔迹学的理论基础围绕着书写习惯而展开。书写实践中，不同的个体在规范性书写动作的同时会有个性化的表现，并规律性地反映出个性化的特点，在笔迹中表现为不同的笔迹特征，这种书写动力定型的特征呈现在书写技能形成和书写习惯形成两个阶段，每个阶段都有其相应的特点。一是书写技能的形成阶段。这个阶段的标志是书写动力定型的形成，通过不断书写实践而形成的书写动力定型，是个体书写条件反射的强度及频率得到不断增强的结果，只要个体得到相关书写信息刺激，一系列书写条件反射锁链系统会紧随再现，不受个体意识监督控制，并且其再现会按照先前的顺序，自动反复依次进行。二是书写习惯的形成阶段。个体在书写技能形成的基础上，会通过反复训练的习得形成书写习惯。不同的个体书写技能水平不同，也直接引起了不同个体书写习惯特殊性和稳定性的差异。通常来说，书写技能高的个体更容易形成书写习惯，并且其书写习惯的稳定性与书写技能成正比。笔迹鉴定工作中认定人身同一的科学依据，就是个体生理和心理素质的差异对书写个体意志的影响，客观环境不同对书写动作的影响，不同个体书写技能不同对书写习惯的影响等综合而成的个体书写的特殊性。

书写习惯同样有其稳定性和灵活性，一定时期内个体的书写习惯是相对稳定的，但各种影响书写活动因素的变化，会带来书写习惯的新旧改变或发展，在笔迹鉴定中把握这种变化，才能更准确地得出科学的鉴定结果。

另外，由于文字符号种类及数量多，书写动作变化多还受诸多条件影响，使得书写形式也会出现众多差异及变化，同一人的书写习惯也会有多样性的反映。

书写技能高的人其多样性更明显，其对同一文字及符号出现多种写法并不需要刻意而为，在笔迹鉴定时，需要充分考虑笔迹特征稳定性、灵活性以外的多样性特点。

第三节　笔迹鉴定的心理学原理

客观世界中，个体的差异性决定了各个不同客体能相互区别，无论何种事物均具有其自身与其他事物相区别的特殊性，同一事物不同的运动变化同样具有彼此相区别的客观结果，这种差异不可避免地存在。因此，任何两个个体所书写的笔迹是无法完全一致的[①]。正如美国 20 世纪最为杰出的文件检验学者艾伯特·奥斯本（Albert Osborne）所说："笔迹的个性化伴随着书写技能的学习而呈现，且随着书写技能的长足实践，书写习惯在个体差异性上的区别亦日趋显著。"[②]笔迹特征的差异性，会因为不同书写个体的生理机能差异、心理特质差异以及外部条件带来的训练性差异等的影响而不同地呈现。这是因为，每个个体的中枢神经、感官功能、运动器官的先天因素与生俱来存在差异，就如德国哲学家戈特弗里德·威廉·莱布尼茨（Gottfried Wilhelm Leibniz）说过的："世上没有两片完全相同的树叶。"不同个体所处

---

① SEE JANE,A LEWIS.Forensic document examination：fundamentals and current trends[M].Academic Press，2014:47.

② SEE ALBERT OSBON.Questioned document[M].The Genesee，1910:210.

的环境不同，教育背景与职业不同等，在其长期的工作生活实践中，都会因为这种外部条件差异带来训练性的书写特性结果，形成其书写水平、书写风格、书写形态等各方面独有的特征。

一、书写行为的心理学理论基础

个体不同，个性各有千秋，世间莫不如此。一个人的行为，往往在很大程度上由其个性所决定，每个个体的个性一旦形成，均独特而稳定，无论是外在的行为模式，还是内在的思想、态度和认知，都是如此。人的心理活动必然是在生理的基础上进行的，心理学的研究也必然要有生理学的支撑，这是毫无疑问的。但人的心理又必然区别于生理，人的心理必然要有自己特定的规定性，不能总和生理混为一谈。20 世纪初，行为心理学在美国起源，它是由美国心理学家约翰·华生（John B.Watson）创建的一个新的心理学派。行为心理学认为，人的行为实际是身体反应的组合，是人体适应环境变化时引起的肌肉收缩、腺体分泌等身体反应。行为心理学就是研究刺激与反应的联系，从而通过这种联系的查明来推知由刺激到反应、由反映到刺激的过程，由此预测和控制人的行为。

言，心声也；字，心画也。因此，与其说人的书写是用手完成的，其实质是大脑接收信号后引起的一系列自觉或不自觉的身体反射而完成的。书写运动的根本原理不是一种有意识的控制行为，而是人在无意识状态下无须修饰、不加掩饰的动作。笔迹鉴定是一种利用客观方法对客观问题所做的主观认知，应当坚持辩证唯物主义的思想指导，通过语言学、心理学、化学、物理学、统计学等相关科学理论与科学方法去完成。刑事、民事案件对涉案争议文书上的字迹进行笔迹鉴定，得以查明涉案文书与案件事实真相的联系及其与当事人之间的关系，从而正确分析案情并准确认定案件事实，帮助裁判者客观公正地裁判。古人亦云："情之喜怒哀乐，各有分数，喜则气和而字舒，怒则气粗而字险，哀则气郁而字敛，乐则气平而字丽。情有轻重，则字之舒敛险丽亦有深浅，变化无穷。"笔迹将人的心理活动外在表现出来，人的心理活动是十分丰富的，因而笔迹也会千变万化，比如西晋大书法家王羲之在书写其不朽名作《兰亭序》时，其中的二十一个"之"字写法都是不同的。古代还有根据笔迹的特征来判定书写者生理状况的故事，这也符合维果茨基学说中"任何心理活动形式都源于外部的物质活动的内化；而一切外部活动形式都是内部心理活动的外化结果"的观点。

巴甫洛夫指出，以具体事物为刺激物从而形成的条件反射为第一信号系统，而以词语作为刺激物而形成的条件反射为第二信号系统。[①] 语言刺激物既可以积极地形成和强化条件反射，也可以消极地减弱和消退条件反射。书写活动的产生既受到形象刺激物（字形）的作用，也受到抽象刺激物（词和概念）的作用，而二者之间起主导作用的是抽象刺激物。因此，在有语言活动的情况下才能产生书写活动，因为书写技能需要书写个体理解语言并能接受语言的刺激物。对书写活动的认知，基于高级神经活动类型的原理、条件反射原理、第一信号系统与第二信号系统之间交互作用的原理等心理学原理，就构成了笔迹鉴定的心理学理论及科学基础。

书写行为的心理学理论受到以下三个方面的影响。

1. 书写形成的生理因素。从解剖学、生理学角度分析笔迹的形成，书写活动是书写个体在大脑、手臂、手指等器官联合协调后的运动结果。

2. 投射原理。书写习惯是书写个体长期书写练习的结果投射，受到书写

---

① [苏]巴普洛夫.巴普洛夫选集[M].吴林生,等译.北京:科学出版社,1955:283-285.

个体知、情、意等心理活动及心理状态的直接影响。因而，笔迹分析实际上是一种心理上的投射测验。

3. 潜意识理论。心理学家弗洛伊德指出，人的潜意识决定了大多数的外在行为，书写活动是一种高度自动化的动力定型，是书写个体经历长期、反复训练而习得的，因此正常的书写活动通常并不需要大脑意识的主动控制，而可以直接通过潜意识来完成。基于记忆、意识、动作相互协调，协调后结果通过集体反映出来即为书写活动。①

可以说，个体的书写活动就是内在心理状态的外在笔画表达，字里行间的起笔落笔、一笔一画都是其心理状态流露的结果呈现。

二、笔迹鉴定的心理学依据

个体个性心理特征及情感参与到书写活动中，对笔迹的形成起到影响及制约作用②。意志、感觉、知觉、记忆、联想、注意等众多心理因素参与到书写过程中，且相互影响形成复杂的聚合效应，由于个体的差异、各参与因素作用的不同，聚合后反映出不同的差异性和特殊性，其外化于笔迹形态，导致笔迹的形态特征各不相同。个体的动机、需求、兴趣、爱好不同，影响到个体书写的训练与习得结果也存在差异。另外，不同气质类型和性格特点的个体，其书写的结果状态也与这种表达性行为直接相关，表现为笔迹形态上的差异。

---

① 王勇. 笔迹心理分析在笔迹鉴定中的运用 [J]. 湖北警官学院学报, 2012(1): 167-168.

② 郑晓星.试论笔迹特征形成的生理、心理原因[J].深圳大学学报(人文社会科学版),1995(1):92-96.

每个个体在书写前对文字、符号进行"知觉输入"，对横、竖、撇、捺、点画，以及连笔、空间布局等特征或形状进行视觉分析，但每个个体在认知水平和书写能力上的差异，以及视觉分析后进行文字、符号形态理解及加工上的个体差异，会产生认知、加工、外化的差异化反映结果。记忆是与大脑皮层的信息加工密切联系在一起的[①]，记忆的神经活动过程将个体习得的知识或技能编码、巩固、储存，并在外界刺激下被调取和反射。有研究认为，个性的发展、形成及巩固的过程从某种程度上与其笔迹形成稳固的动力定型状态通常是同步的。众所周知，汉字结构巧妙复杂、形体多姿，而且书写的运笔方式也是灵活多变的，因而多样性、复杂性和独特性特征就是笔迹个性化的真实写照[②]。不同的书写个体其认知、情感、语言、行为定型后的动力特征，表现在心理活动中就形成强度、速度、指向性与灵活性的稳定。

此外，个体对客观现实所持的稳定态度和对外界刺激习惯化的行为方式，这种个体性格也会作用于书写活动。因此，个体个性心理特征作用于个体书写活动，在一定程度上影响到书写形式、书写速度、书写稳定性，以及握笔方式和书写轻重等诸多方面，并形成多样性的个体笔迹差异与独特性的个体稳定特征。此外，汉字的各个结构单位要求有合理的搭配比例，不同书写者由于性格、心理活动不同，字体和整行、数行的空间结构不同，有着自身的特征，这是增加精确度的辅助鉴定内容。

外界客体对个体的刺激可以引发个体的注意状态，同时个体的内在因素作用也可以引发个体的注意状态。个体的注意状态伴随并影响着个体的心理活动，使之对客观现实做出自觉且真切的反映，并因此产生对应的行为。个

①［美］霍华德·艾肯保姆.记忆的认知神经科学——导论［M］.周仁来，郭秀艳，叶茂林，等译.北京：北京师范大学出版社，2008:200.

②张卿华，王文英.汉字笔迹与个性测评研究［J］.心理科学，1998（4）:301-305.

体注意状态的范围、稳定程度、转移分配因为受到内因、外因的不同作用，产生各种差异。积极紧张的心理状态下的注意行为，能够帮助个体心理活动对特定的对象进行聚焦，并因此能够清晰地认知与反馈该特定对象所给出的信号。书写活动过程中心理活动的注意状态是有意的，这种注意状态对书写动力的协调影响很大。通常除非经过长期训练，否则一个人很难同时将注意力分配给多个事物。就如驾驶行为的初学者总是手忙脚乱于转向、加油、道路观察、障碍避让等一样，汉字的众多笔画搭配，以及其每个笔画的形态呈现，既因为同一个体的注意力定型而在书写中出现稳定的特征呈现，也会因为不同个体的注意力定型不同，而出现不同个体书写的本质差异，哪怕有临时的注意力倾向甚至练习的注意力改变（这种形式常出现在摹仿笔迹中），这种个体已经形成的注意力定型在书写中的外化呈现，仍然具有独特的个体差异。这种差异，也是进行笔迹鉴定认定为同一人书写或认定为不同人书写的客观来源与心理学科学依据。

三、心理学笔迹特征的综合呈现

心理上知情意多重因素参与的书写过程，使笔迹在力量、空间布局、搭配比例等方面出现各种反映特征，经历过一定训练的个体在书写时还会带上一些独特的加工神韵特征。因此，笔迹形成过程不同、表现状态各异。但综合分析，可以归纳为四类特征，分别为力量特征、空间特征、关系特征、神韵特征①。其中，力量特征是指笔压的大小、运笔速度的急缓和稳定性等，文字笔画的书写中这些特征得到体现。笔压是指书写中笔尖施加于书写面的压力，

---

① 张福全.汉字笔迹特征之分类[J].合肥学院学报(社会科学版),2006(4):59-62.

文字笔画书写时书写工具（通常为笔尖）接触书写载体面，笔尖对书写面施加的压力大小不同，通常可分级为适中、较重、很重、较轻、很轻共五个程度。

运笔速度是指书写任务完成的总体速度，是书写力量特征相较于时间的对比表现，正是基于书写力量能决定书写速度，故在力量特征中涵盖了运笔速度。书写速度还受到其他很多因素的影响，比如书写方式，但力量因素是十分重要的。以书写面为参照，笔尖向书写面是垂直用力就会形成压力，笔尖在书写面平行移动就表现为速度，在同等书写条件及书写动作的情况下，往水平方向书写的力量大则书写速度快。通常根据运笔速度快慢的不同，将其分为五个等级，即适中、较快、很快、较慢、很慢。笔迹力量特征中的稳定性是指笔压、运笔速度等书写特征的轻重缓急在汉字书写过程中的变化情况，从静止的形态考察这种变化的呈现是笔画的均匀程度和笔画的快慢，有无连笔等。

空间特征是指书写完成后的汉字在静止状态的书写面上呈现的空间布局特性，包括字的大小、字的形状、字的方向等。字的大小主要指笔迹在静止状态下，单个汉字所占的空间大小，以方格为参照是看汉字是满格书写还是半格书写或四分之一格书写，以行为参照是看汉字是满行书写，还是半行书写甚至是缩略书写。字的大小通常也分为五个等级，分别是适中、较大、很大、较小、很小。字的形状是指汉字书写后所呈现的规则或不规则的静态几何形状，其中规则的几何形状常表现为正方形、长方形、圆形、扁形等。字的方向指汉字字体的一种空间位置表现状态，比如字体形状的伸展是外展还是内收、左倾还是右倾，以及字体的位置方向是否相对稳定，个别笔画的书写是夸张还是收略甚至书写简略等。

关系特征，通常也称搭配比例特征，书写者对汉字的理解表达各不一样，则对同一汉字的笔画之间、汉字之间、汉字与标点符号之间，以及汉字与书写材料之间的处理方式是不一样的，因而不同的书写活动其形成的笔迹的关系特征也不同，既反映在汉字及其笔画，或其与标点符号、书写材料等相互关系的搭配特性上，也反映在这些要素的空间及比例特性上，关系特征的表现，存在于一定的书写空间。单字笔画的关系特征，通常表现在起笔与收笔、连续与中断、增加（多）与省略（替），还有笔画的规矩与创新（反版）等方面。字与字之间的关系特征，通常表现在字距大小、字之间的相连情况、行距大小及变化等方面。汉字与标点符号的关系特征，通常表现在标点符号是否书写以及标点符号是否准确书写等方面。汉字与书写材料之间的关系特征，通常表现在对书写工具的喜好、笔迹在书写面的分布位置上（比如，是在格内书写还是出格书写、书写紧压底线还是居中、字迹在书写面上分布的二维位置、书写空白留边及其大小与方位等）。神韵特征，是汉字笔迹蕴含的一种气质、精神面貌，它通过动力特征、空间特征、关系特征等诸多特征共同聚成一个整体而呈现出汉字书写形态的表达风格及美学境界。

按照格式塔心理学派的观点，整体并非各个部分的简单相加，因而神韵特征也难以区分到细节，目前也确实缺乏系统的对笔迹神韵特征标准的研究，当然也没有形成公认的特征标准。中国首位职业笔迹心理学家韩进先生在对笔迹的研究中为了区分书写个体的不同字迹风貌，拟出了十条标准，即雄伟、强劲、刚峻、端庄、疏朗、飘逸等积极风貌，和柔和、欹侧、散乱、拘谨等消极风貌，这十条标准所表现的书写字迹状态风貌，蕴含着笔迹的神韵特征[1]。汪昌禹先生从笔迹分析的角度，将笔迹特征分为实行体、虚行体、豪行体、谨行体、灵行体、钝行体、刚行体、柔行体共八大类别，但这种特征的区别，相对韩进先生的十种分类，其在神韵上的特征体现还是略显不足[2]。

① 韩进.笔迹学——从笔迹看人生[M].北京:中国戏剧出版社,1999:24.
② 汪昌禹.笔迹与成功[M].北京:中国城市出版社,2002:41.

3

笔迹鉴定的方法
和技术规范

　　作为文书物证鉴定分类之一的笔迹鉴定属于经验科学，所运用的专门性知识属于技术知识，相比于一些成熟的经验科学，笔迹鉴定作为一门科学体系的历史还很短，发展时间也不长，但经验科学在笔迹鉴定领域，无论是理论还是实践都有着广阔的研究和发展空间。同中求异和异中求同是笔迹鉴定的两大科学鉴定原则，同中求异要求解释差异点，避免先入为主的直觉判断；异中求同要求关注符合点，避免疏漏，以期达到公正、客观查证案件事实的目的。为实现笔迹鉴定科学证据的目的，需要遵循科学的鉴定方法，并在严格的技术规范的规制下进行。

第一节　笔迹鉴定方法及技术关键

方法，一般是指为获得某种东西或达到某种目的而采取的手段与行为方式。《墨子·天志中》记载："中吾矩者谓之方，不中吾矩者谓之不方，是以方与不方，皆可得而知之。此其故何？则方法明也。"笔迹鉴定作为物证鉴定技术的一种，其基本解决问题的思路是通过特定性特征的发现，而后对鉴定材料进行分析及比对，在技术规范的规制下进行综合评断，并得出可靠的鉴定结果。

一、笔迹的特征

特征，是一事物区别于其他事物的显著征象或标志。笔迹特征是个人书写习惯特征表现在笔迹中的各种征象 [1]。

1938 年，著名学者冯文尧在其著作《刑事警察科学知识全书》中，将笔

---

① 贾晓光.文书物证司法鉴定理论与实务[M].北京:中国人民公安大学出版社，2017:48.

迹特征分为全部观察与局部观察两种[①]。其中全部观察特征为：①风格：字之全盘气势。②布局之松散、紧凑、平均、偏窄，正业或奇巧。③笔势之疾沥，偏正或贯中。④字之体势：如王、颜、苏、柳、米……汉碑、魏碑等。⑤字迹间隔之宽窄与距离之远近。⑥字之匀整、歪斜与参差。⑦字之神态。如迟涩、飞动、局促、玲珑、庸俗、软弱、洁净、污浊。⑧字形之大小。如长短、歪斜、松紧、肥瘦、老嫩。⑨字之数量及标点符号之位置与样式。⑩错字之检举。局部观察特征为：①用笔之神趣：如顿笔、挫笔、提笔、转笔、折笔、蹲笔、驻笔、掩笔、尖笔等。②起笔与终笔的态势：如藏锋与露锋、正锋与偏锋、直笔与侧笔、缩笔与方笔、仰笔与方笔。③点之仰覆，尽之平毕，直之刚健，以及起、策、啄、转折承接处角度。④个人独特之笔画或花样。⑤字之临取、历取，等等。

1943年，犯罪学家徐圣熙编写的《笔迹学》将笔迹特征分为八种：①字行的趋向；②字迹倾斜的角度；③字体的大小；④字体的不同样式；⑤整齐或杂乱；⑥连续或间断；⑦笔画的轻重；⑧运笔的快慢。

1949年以后，笔迹的分类较多，其中比较有代表性的主要有：1958年中国笔迹鉴定专家的分类，其将笔迹特征分为一般特征和个别特征两个方面。笔迹的一般特征是指笔迹的熟练程度、大小、间隔、倾斜度、连贯性、均匀程度、字形和压力的大小等；笔迹的个别特征包括十个方面，主要有运笔、搭配比例、笔顺、字的写法、标点符号的写法等。另一个有代表性的分类是1999年贾玉文教授将笔迹特征分为九大类[②]：①概貌特征；②局部安排特征；③写法特征；④错别字特征；⑤搭配比例特征；

---

① 冯文尧.刑事警察科学知识全书[M].上海:世界书局,1948:420.
② 贾玉文.笔迹检验[M].北京:警官教育出版社,1999:69-70.

⑥笔顺特征；⑦运笔特征；⑧笔痕特征；⑨书面语言特征及其应用等。

中国笔迹学专家韩进先生从五个方面分析了汉字笔迹特征[①]：①篇。包括全篇布局、空白边、行距、行装、字距、签名、格式、标点符号、运笔走势、笔压、速度、字体倾斜、字体大小等。②字。包括运笔流畅程度、字体的外形轮廓（方形、圆形、长形、扁形、梯形、倒梯形、横梯形、不规则形、放射形、中空形）、字体的不同结构的部位特征等。③偏旁特征。④线条（笔画）特征。包括点、横、竖、撇、捺的写法。⑤局部。包括起笔、运笔、收笔等。

著名笔迹鉴定专家涂丽云教授结合自己的鉴定实践，对笔迹的分类的分类有了自己的认识[②]。她认为："在鉴定中得以证实并广泛应用的笔迹特征主要有以下这些内容：书面语言特征、文字布局特征、书法水平特征、字体字形特征、写法特征、错别字特征、笔顺特征、运笔特征、搭配比例特征、笔痕特征、标点符号及阿拉伯数字特征，以及字的神韵特征"。

笔迹心理学专家刘兆钟先生将笔迹的特征分为8个方面：①笔画的特征，包括笔画的长大劲健、短小有力、笔画粗而有劲、连环盘绕、笔画刚健、笔画粗细均匀、笔画拘谨、涂满错处不让辨认等44个特征；②速度（6个特征）和力度（4个特征）；③间架结构特征（6个特征）；④墨色特征（7个特征）；⑤字形特征（16个特征）；⑥字行的特征，包括字行的运行、字行的起止、字行间距、字行与边白的距离、字行在格内的位置等；⑦书体的特征，包括喜写楷书、草书等10个方面的特征；⑧章法特征，包括排列整齐、浑然一体、通篇字由大而小、失之协调等

① 韩进.笔迹学——从笔迹看人生[M].北京:中国戏剧出版社,1999:24.

② 涂丽云.笔迹分析与鉴定[M].北京:中国人民公安大学出版社,2001:1.

10 个方面的特征 ① 。

司法实践中，笔迹鉴定的任务主要是识别和鉴定涉案文书物证笔迹的真伪，或是否属于某涉案对象书写形成，其鉴定的核心是区分不同笔迹的个性。因此，在进行笔迹分类时，重点把握的是反映笔迹个性化的特征。比如通过对笔痕特征的检验，可以检验出具体的书写工具，书写工具的新旧程度，甚至是笔尖是否存在破损，等等；又比如通过对语言特征的检验，由于不同的个体在语言的词汇水平、用词习惯、特定用语的常规表达等与该个体的语文水平及个性化的语言习惯是直接相关的，则涉案文书物证上体现的语法修辞运用、词汇水平及词语运用习惯等特点及规律，就能直接反映具体的涉案对象。在笔迹鉴定时，个性化、差异化的笔迹特征，是鉴定笔迹是否同一的重要依据。

众专家学者从不同的研究视角对笔迹特征的分类均有其科学性，从笔迹鉴定实践来看，以下八种笔迹特征的分类比较常见，且被列入现行有效的《笔迹鉴定技术规范》（GB/T37239—2018）。其一是书写风貌，是指通过整篇字迹的谋篇布局、字的大小形态和排列组合等结构特点、书写速度和书写力度的变化体现出的笔画质量等因素，综合反映出书写人的书写水平、书写控制能力的概貌特点。其二是布局，是指通篇字迹谋篇布局的特点或局部字迹的排列组合关系，具体表现在段、行、字、符号之间及其相互之间的空间分布特点。如轴线和基线方向及角度、字间和行间的疏密、字与字或符号之间的比例关系、字或符号与格线的关系、行缩进或突出特点、抬头与落款的位置、页边页脚页眉的宽窄和形态等。其三是写法，即单字及符号的基本构造、书写方法和使用规则，构成汉字字形的要素包括

---

① 刘兆钟.笔迹探秘[M].上海:上海科技教育出版社,1997:102.

笔画、笔数及汉字部件的位置关系等。写法特征按繁简可分为简化字、繁体字，按规范性可分为规范字、非规范字、异体字、旧体字等，按正误可分为错字、别字等。其四是形体，是指单字的基本形状和体式，包括单字的体式、大小、形状及倾斜方向、角度等，单字的体式可分为楷书体、行楷体、行书体、行草体、草书体等，单字外部形状可分为长、方、圆、椭圆及不规则形状等。其五是结构，即某些固定搭配的单字之间（如签名、日期等），以及单字的偏旁、部首、笔画之间的空间布局和比例关系。笔迹的结构特征可分为整体结构特征、单字结构特征和笔画结构特征等。整体结构特征如签名笔迹中各单字之间的整体布局关系，单字结构特征如单字各部件之间的左右、上下、里外、包围的布局和比例关系，笔画的结构特征，如单字的笔画之间具体的搭配比例关系等。其六是笔顺，即构成单字的各部件之间、单字笔画之间的书写次序和方向，有时也指某些固定搭配的单字之间或单字与相邻符号之间的书写次序和方向。其七是运笔，是指书写活动中一个完整的起、行、收笔书写过程或一系列相互关联的书写过程中反映出的书写方向和角度、书写速度和书写力度的变化特点在笔迹中的综合反映，以及书写过程中在笔画的起、收、转、折、连、绕、顿、提、摆、颤、抖、拖、带等细微书写动作处反映出的书写方向和角度、书写速度和力度的变化特点。运笔特征可分为某些固定搭配字迹笔画间的整体运笔特征、单字运笔特征、笔画运笔特征及细微书写动作的运笔特征等。其八是笔痕，是指书写过程中书写工具在字迹笔画中形成的综合反映书写工具结构特点和书写人书写动作特点的痕迹特征。如用圆珠笔书写形成的油墨露白、堆积、间断、分裂等，以及其出现的部位、形态、分布特点等。

二、笔迹鉴定常用方法

通常，笔迹鉴定通过分析笔迹的形成、选择笔迹特征、比较笔迹异同、综合评断并形成鉴定意见等操作方法进行。[①] 笔迹鉴定的方法，就是对笔迹特征的寻找、发现、提取、检验、分析所运用的措施和手段、思维和技巧。虽然笔迹鉴定是一门经验科学为主的技术，但也离不开科学技术及仪器设备的辅助，甚至有的结合了心理学的方法。

（一）目测分析法

通常检测可以分为定性检测和定量检测，目测分析法是一种定性的笔迹检验分析，是指鉴定人根据涉案文书物证上笔迹的形态规律寻找笔迹特征，以及笔顺和运笔方向等书写动作特征信息进行笔迹检验鉴定的方法。目测分析法能够检查发现书写者蕴含在文书载体内的笔迹特征，特别是那些独特的、个性化的明显特征。目测法最大的优点就是对那种极端的书写运动变化可以通过合适的补正来鉴定，比如老年人或者交通事故导致书写器官受损等导致的手部抖动形成的笔迹的鉴定。目测分析法至今为止都是在笔迹鉴定中十分重要且常用的方法，也是笔迹鉴定的常规检验方法。实践中鉴定人还会根据书写形状将检材上的字迹进行系统分类，并制作特征比对表来辅助检验分析。人不光是靠眼睛来看，而是靠着眼睛得到的信息来识别，目测分析法经常会带入笔迹鉴定中来，并且多以经验性来体现其鉴定意见，这就需要鉴定人具有高超的专业识别及鉴定能力，还要严格遵照技术规范来进行，用

[①] 贾晓光.文书物证司法鉴定理论与实务[M].北京:中国人民公安大学出版社,2017:73.

程序规范实现对实体的纠错。随着科技的发展及人工智能的进步，人的这种无意识的识别功能也开始被应用到笔迹鉴定研究上，对笔迹特征识别与比较的计算机自动化技术，已经不断推出研究成果。

（二）数值分析法

数值分析法是将统计学的方法运用到笔迹鉴定中，将笔迹特征进行变量和数值的设定，然后通过数值分析来评断书写的同一性问题。这种设定笔迹特征变量和赋值的检验方法，能对笔迹特征进行准确识别，其具体做法有如下几种。其一是聚类分析法（cluster analysis），聚类分析具有简单、直观的特点，它是指将物理或抽象对象进行数据描述后，通过衡量不同对象的相似数据源，从而集合分组为多个类的分析过程。聚类分析主要应用于探索性研究，是将研究对象分成相对同质的群组的统计分析技术。其二是主成分分析法（principal components analysis），这是一种统计分析方法，它是将多个变量通过线性变换删除多余以建立较少个数重要变量的方法。是一种数学上的降维方法，又称主分量分析法。其三是回归分析法（regression analysis），即确定自变量和因变量相互依赖，建立回归方程，并以此外推预测因变量变化的统计分析方法。回归分析法按照涉及的因变量、自变量个数分类，又分为一元回归分析和多元回归分析两种；按照自变量和因变量之间的函数表达式分类，有线性回归分析和非线性回归分析两种。用回归分析法进行预测首先要对各个自变量做出预测，若自变量可以实现人工控制或易于预测，且建立的回归方程符合实际，则基本可以确定回归预测是有效的。

（三）仪器分析法

仪器分析就是利用能测量物质的物理或化学相关参数及变化获取物质

化学成分、含量、结构的信息的实验现象，通过探头或传感器、放大器、分析转化器等转变成人可直接感受的、已认识的关于物质成分、含量、分布或结构等信息的分析方法。仪器分析法具有灵敏、快速、准确的特点，以及发展快，应用广的特点。笔迹鉴定的仪器分析法大多使用光源的激发来达到检测目的，如红外光、紫外光、荧光等不同波段光源的激发以及斜光检测法等多种方法，这些激发光检测分析中最具代表性、相对运用最多的是红外分光法。通常笔迹鉴定机构所用到的鉴定仪器有以下几种：①显微镜；②数码显微镜；③静电压痕仪；④红外分光光度计；⑤拉曼光谱；⑥气相/液相色谱仪；等等。我国司法部颁发的《司法鉴定机构仪器设备配置标准》中，也对相关仪器分必备、选配等几种方式进行了规定，而最新的司法鉴定执业分类，对仪器设备的配置要求更加严格。仪器分析在笔迹鉴定中的笔迹观察识别与提取，以及书写物质、书写载体、笔画及交叉、笔迹形成时间鉴定等方面应用广泛，是不可缺少的鉴定方法。

（四）生物鉴定法

生物鉴定法是随着科学技术的快速发展产生的新的鉴定方法，目前笔迹分析最先进的是日本官方鉴定机构采用的笔迹自动识别系统，即Witswell 公司的笔迹认证产品 Cyber-sign。Cyber-sign 设备带有可以对签名的形状、笔压、书写顺序、笔运、笔速等进行调查的动态签名对比系统，该设备同时配备一个手写板，用于当场签名。手写板上签名的笔压和笔速可以实时再现出来，笔顺的书写习惯也可以作为判断材料。笔迹分析系统中，X 轴表示笔画，Y 轴表示笔画的笔压。该设备对补单签名、插图、记号等都能够识别，还可以识别日语汉字。即便是在模仿他人的签名，但是该设备还是可以识别细微的书写顺序、笔运、笔速等差异，从而准确做出鉴定结果。这类方法目前虽然应用和推广较少，而且技术也处于更新和发展当中，但其对笔迹特征的精密分解和识别提取，并能进行海量运算及机器自我学习，将使其成为未来十分重要的鉴定方法之一。

（五）心理学分析法

心理学是研究心理现象及其功能与行为的科学，心理分析主要研究心理与行为的联系。笔迹鉴定的心理学分析法在日本的研究及实践较多，其官方心理学分析和民间团体的心理学分析各不相同，分别采用不同的分析方法。其中，民间团体在识别与鉴定笔迹书写人时，其在心理学上所采用的方法主要是巴纳姆效应和冷读术。巴纳姆效应也称福勒效应，是指人们常常给自己一个假定，认为一种笼统的、一般性的人格描述（哪怕内容空洞）就能够十分准确地揭示自己的特点，因此人们很容易接受那些普通、含糊不清、广泛的对一个人的描述，认为这些描述说的就是自己。冷读术是指在对方没有防备的状况下，通过对方眼神、动作、语言等来读懂他人，这种哪怕第一次见面，就能获得让对方相信"这个人知道我的事"的技巧，是短时间赢得沟通对象信任，从而更好地与人交流的方法，心理医生经常用这种方法来进行心理治疗。民间鉴定团体由于缺乏足够且精密、先进的设备，实验环境条件也常常受限，其结合心理学方法进行笔迹鉴定既是一种科学与方法的应用，也是不得已而为之。而日本官方团体还是本着客观事实为依据，利用更为先进的科学仪器和经验来进行鉴定。实际上，心理分析法在有笔迹鉴定当事人在场的情况下，是十分值得运用的。比如在一起笔迹鉴定中，一方当事人表现特别积极，明显地跟鉴定人套近乎，鉴定人发现异常后，当场提取其书写实验样本，该当事人立刻露出了马脚，后确实从其当场书写的实验样本里准确捕捉到了众多摹仿笔迹的信息，从而顺利完成了该次笔迹鉴定。

《笔迹鉴定技术规范》（GB/T37239—2018）对于笔迹特征的比对方法列举了五种，即直观比对法、显微比对法、测量比对法、重合比对法、仪器/软件比对法。目前大多仪器都直接加载了测量、放大、重合比对的系统，采集了文字图像信息以后，就可以直接在仪器配置的电脑中的工作系统内进行检验。软件比对常用 Photoshop，应该注意的是，重合比对严格来讲是一般特征的比较，在笔迹鉴定中，对于套摹笔迹的鉴定经常用到。

三、笔迹鉴定方法上的技术关键

（一）检验方法上的技术关键

1. 全面、深入地了解案情。很多人认为前期了解案情会先入为主，可能产生错误导向，但刚好相反，这是做好笔迹鉴定工作的重要前提。笔迹鉴定相对于痕迹物证鉴定，其变化性较多，同一人的书写亦存在多样性，而且随着职业训练、生活工作场景变化会引起笔迹的相应变化，因此，深入了解案情，对鉴定人全面把握其笔迹的特征，寻找笔迹的稳定性、规律性特征，并通过组织合适的样本进行检验比对，是十分重要的。在受理笔迹鉴定时，不仅限于检材样木的收集，还需要重点了解受审查对象的生活、工作环境、职业情况及变化、工作经历、文化及受教育水平，等等。

2. 准确收取高质量的鉴定样本。样本反映受审查对象的书写特点及规律，鉴定质量高的样本可以为笔迹鉴定提供基础保障。笔迹鉴定样本应尽量收取自然样本，也就是受审查对象平时工作生活中无意识书写的各种笔迹样本。如果条件允许，还可以收取那些不同性质、用途、种类文件上被相应形式规范和调整了的笔迹，从而为寻找发现笔迹特征提供充足的鉴定依据。笔迹鉴定的实验样本也很重要，但实践中很多鉴定机构或鉴定人却相对忽视，一方面实验样本可以弥补自然样本的不足，另一方面试验样本对个体书写的多样性以及综合评断的差异性解释提供重要帮助。实验样本的收取应当讲究规范，先考察检材字迹的形成条件与方式，并对应地创设相应的条件与书写方式，让被审查对象按要求完成相应的笔迹。当然，为了更全面地收取实验样本笔迹，实践中应当扩大所分析的笔迹形成条件与书写方式，以期收集更全面的实验样本。如果怀疑是摹仿笔迹，一定要收取被摹仿人本人的真实笔迹来作为比对样本，这样可以帮助鉴定人多方比对并综合评断分析，得出笔迹的本质规律来准确完成鉴定工作。

3. 分析判断笔迹的性质。在分别检验阶段，就要分析笔迹有无伪装或变化，在检验笔迹的形成机理确认是手写笔迹后，接下来就要分析判断笔迹的性质，考察待检笔迹是正常笔迹还是伪装笔迹，或者是否为变化笔迹。鉴定时应首先排除摹仿、伪造笔迹的怀疑，因为摹仿、伪造的笔迹可直接否定其证明力。首先，用特征比较法来鉴定摹仿笔迹。随着社会的发展和技术的进步，摹仿者已经很少像过去那样在笔迹摹仿过程中，仅仅是机械地套摹笔迹，传统意义上的笔迹形快实慢、弯曲抖动等明显的摹仿痕迹和停笔另起、运笔生涩等反常的摹仿痕迹在目前的鉴定实践中相对少见，现今出现更多的是练习摹仿，这种反复练习后形成的摹仿笔迹，几乎能够以假乱真。这种笔迹鉴定对于初级水平或者鉴定经验水平不高的鉴定人来讲，是十分困难的，也经常容易出错，且出错后根据现有鉴定体制很难被纠错。传统的摹仿笔迹特征检验判断方法已经不足以满足鉴定的需要，根据鉴定实践的变化应该采用"动态同一"的检验方法来比较分析检材和样本的特征。笔迹特征具有再现性，虽然时空条件、书写工具、书写载体等影响笔迹形成的众多客观因素在出现变化时也会引起笔迹随之出现变化，但个体书写稳定特征即使在这种变化中也会动态化地再现，这些内在规律的稳定性会使笔迹特征在书写条件变化前后仍然保持"动态同一"，其特征内包含的"本质""基准点""综合性评价"保持动态同一。摹仿笔迹特征比较单一，即便摹仿者刻意、反复练习可以使笔迹外形达到一定程度的乱真，但也正是这种刻板的反复机械练习使其不能也不敢自如挥洒书写，故笔迹缺乏个体多样性书写的"动态同一"，相比于真实笔迹，摹仿笔迹是典型的"呆板同一""外形同一"，有的高水平摹仿者甚至达到"完全吻合"，但反而证实了其摹仿笔迹的本质虚假。还有一种有效的鉴定方法就是通过结合案情的分析来判断笔迹是否为摹仿、伪造，任何事情的发生既有因果关系，又需要特定的时空条件，通过对案情的了解，可以判断涉案对象是否有摹仿的动机及条件，具体来说，一是看涉案对象有无"接触"（条件的具备）被摹仿笔迹的条件；二是看涉案对象是否有"能力"（条件的成就）进行摹仿。

4. 客观、细致、准确地分析字迹特征。

（1）考察笔迹特征的整体呈现。涉案文书物证的笔迹是由一系列关联文字组合而成的，每个文字组合反映出一定的书写章法、布局等整体风格，不同人的书写有不一样的反映。书写人的文化水平、气质性格等表现在笔迹特征上，具体以书写整体风貌和书写水平特征来呈现，而且个体的年龄、职业等因素也直接影响笔迹的形成。同一个人，书写状态和书写条件可能不同，但其整体风格的反映保持一致，即每个书写个体都有其书写笔迹的神韵。在进行笔迹鉴定时，首先对字迹进行整体检验，从整体书写的效果上考察是否属于同一书写风格，然后检验笔迹是否存在伪装以及是否为摹仿笔迹等。鉴定应该注意签名笔迹书写风格的检验分析，一方面，签名笔迹不同于其他笔迹，签名笔迹经历了反复多次练习，而且是固定搭配，会形成独特的书写风格；另一方面，有的签名笔迹经过设计，已经改变了原有书写风格，是一种全新的书写风格存在。因此，签名字迹特征在书写时的反映是有别于其他字迹书写的特征反映的，且书写技能的差异也会比较大，即使是书写水平较低的人，往往也能书写出流利、有特色的签名字迹。故在检验分析笔迹书写风格时，需要结合鉴定实践的不同情况区别对待，不能一概而论。

（2）识别抓取独特性的笔迹特征。书写个体各不相同，形成的笔迹千差万别，风格各异，笔迹的独特性、个性化特征的鉴定价值较高。要准确、科学地完成鉴定，首先要充分认识书写者的笔迹特征及书写习惯规律，寻找并识别能反映其书写习惯规律的质量和价值高的个性化特征。每个单字都是由"横、竖、撇、捺、折、点、钩、挑"等基本笔画组成的，这些笔画起收笔的位置、方向、力度以及它们在运笔过程中的连笔方式及形态、转折形式及角度、笔画的对应关系、轻重变化等，都蕴藏着能反映书写人的书写习惯特殊性的特征信息。除了从基本笔画中寻找特征外，还可以从偏旁部首中去寻找特征，如果偏旁部首有重复出现，则该特征往往为比较稳定的特征。

（3）选择稳定性强、难以伪装的特征来认识笔迹特征的本质规律。具体包括笔画特征，运笔、连笔、折笔、点笔、错别字的写法，行末结尾的细小笔画特征，笔痕特征等。

（4）充分利用笔迹与文书其他部分之间的相互关系特点。笔迹与文书是涉案物证的整体，二者之间及各部分之间的相互关系，反映了涉案文书物证形成的特定关系，能被用来有效地对签名笔迹特征进行分析、判断。要研究检材与样本笔迹在一定时空条件下其书写工具和材料是否相互矛盾，必须综合进行检验方能准确认知，即结合笔迹与文书物质材料二者之间的检验结果，再综合全案，将其与涉案其他物证的检验结果进行相互印证、分析。实践中，文书物证材料特别是签名笔迹的材料，根据通常文书形式规范，文书制作后常加盖指印和印文来加强其物证的效力。因此，当这类涉案物证存在争议时，应当将笔迹鉴定与印文鉴定、指印鉴定等物证鉴定综合进行，将笔迹鉴定结果与各物证鉴定结果共同进行印证、梳理，更准确、更科学地实现鉴定目标。

（二）鉴定材料处理上的技术关键

1. 以原件为首选鉴定材料，非必要不使用复印件。笔迹鉴定案件检材应尽量选择原件，不轻易使用复印件或照片，因为对复印件或照片是否伪造相对较难鉴别，且常有原始痕迹信号丢失。离开原始载体，复印件或照片上笔迹的笔力、收笔特征在复制过程中会因为设备等各种客观原因使笔迹特征丢失或变形，失去原始、本来的特征面貌，给鉴定中特征识别与确定带来困难，影响特征定性，可能导致鉴定失真甚至出现鉴定错误。特殊或例外情况下，必须通过复印件或照片取得鉴定结果时，一定要尽可能结合该笔迹鉴定结果与其他相关方面的检验结果或证据进行印证，并综合分析评判，特别还要严格把握笔迹鉴定技术规范，对于达不到认定或否定标准的，不能牵强地给出鉴定结果。此外，对于复印件或照片出具的鉴定意见，应当特别注意其文书规范用语的准确表达。

2. 样本材料客观真实、数量充分，达到可比性要求。样本的质量对鉴定影响很大，同时，为增强样本的可比性，收集的样本字迹的形成条件应该尽量与检材字迹一致或接近，还应当尽可能收集案前样本，从笔迹形成的稳定性考虑，案前样本的形成时间又最好能够与涉案文书上的标称时间接近。如果受客观条件限制，案前样本无法收取，或出现案前样本很少且可比性条件较差等情况，则应加大案后样本收取的量，以及充分收取实验样本。所谓实验，即条件控制下的结果获取。为提高实验样本的质量，应当确立样本制作、收取的规范与执行方法，在对检材字迹的书写工具、书写条件、书写速度等书写活动进行识别判断后，实现书写与之基本一致的样本字迹收取，使书写者的书写习惯能够在样本字迹中得到充分反映，对字的写法、书写形式有特定笔迹提取要求时，亦需提示样本字迹的收取对象，或让其临摹。对于票据、合同、特定文案等具有一定格式的文件上的字迹的鉴定，制作或收集这类笔迹的实验样本，应当制作与检材字迹格式相同或相近的书写模板，从而确保实验样本的质量。

3. 运用多学科知识对笔迹的异常进行综合判断。笔迹鉴定中很难鉴别的地方，就是摹仿、伪装等形成的笔迹上表现的某些特征，这些与书写人因生理、心理变化等自身原因而引起的笔迹特征多样化变异之间常常难以区分。这就需要鉴定人员有丰富的鉴定经验和扎实的学科知识去识别及判断这种多样化变异的原因，从而有效区别摹仿、伪装形成的特征差异。通常情况下，有两方面的因素可能导致书写者的笔迹发生变化，出现特征差异。一是生理、心理方面的原因，比如生病、出现人身伤害事故导致机体功能一定程度障碍，甚至脑部功能性障碍等。比如交通事故导致手部受伤且愈后仍存在一定功能障碍，就可能出现书写字迹变大、抖动、长笔多等特征，再比如个体患病体弱期间书写力量的减退，其笔迹因笔压极轻、笔画欠钩，且运笔迟缓而出现笔画从圆形向有棱角转变。二是书写者书写当时的心境会一定程度影响笔迹的形成。书写行为是一种表现性的动作，书写者的情绪变化会直接影响到书写动作的发挥，并使书写的字迹出现不同的形态表现。书写者精力充沛、情绪高昂的状态对斜线和直线笔画会有直接影响，此时一般书写速度加快，笔画中出现连笔较多及圆形笔画增加；书写者处于抑郁的状态，则通常出现书写空间布局和留白的不合理、连笔减少且字迹缺乏决断性等特征。笔迹鉴定应当关注特殊情况下笔迹的变化原因，并准确分析变化的特征要素，尤其在遗嘱签名笔迹、被迫签名笔迹等与常规有异的笔迹鉴定中，更要特别考虑各种因素的影响为笔迹带来的变化，从而准确分析评断其特征，确保鉴定意见的准确性。

4.坚持对鉴定材料的系统、综合检验。对鉴定的检材的考察，主要看是否具备鉴定条件；对鉴定样本的考察，主要看其是否具备比对条件。检材的鉴定条件，主要是能识别并确定有足够质且量的特征，应该注意的是，这里对质且量的特征评价不是多少个字，而是字迹的特征，实践中一些技术人员机械地强调一定数量的字，是没有掌握笔迹鉴定的内涵的。而考察样本是否具备比对条件，关键就在于笔迹的形成条件、书写工具等是否具有可比性，比如普通签名的样本相对于艺术签名的检材，一般就没有可比性。样本涉及自然样本、实验样本、案前样本、案后样本、同期样本等，还涉及正常样本、变化样本等，在鉴定实践中，需要系统、综合地考察，选取合适的样本进行特征比对，对于其他样本，可以观察其动态变化中稳定的个性习惯性特征来增强鉴定论证的说服力。此外，由于笔迹鉴定是经验科学，能研究的局限于笔迹本身，应当尽可能综合全案证据考量，通过涉案其他物证或言词证据来对待检笔迹进行综合分析。因此，鉴定人员"既要埋头拉车，也要抬头看天"，不能仅局限于专业的笔迹检验，应当同步理性关注涉案其他事实及证据材料，善于综合全案证据来寻求对鉴定工作有利的辅助条件①。

---

① 汤纪东.签名笔迹及其检验研究[J].犯罪研究,2011(1):91-98.

第二节　笔迹鉴定技术标准的研究及技术规范

技术规范是标准文件的一种形式，是规定产品、过程或服务应满足技术要求的文件，是对标准化的对象提出技术要求，也就是用于规定标准化对象的能力。作为司法实践中影响事实认定与裁判者内心确信的笔迹鉴定，跟其他物证鉴定一样，被视为科学证据，而科学二字，来源于笔迹鉴定技术、方法的科学，亦来自评价与判断标准的科学，因而，正确而全面了解笔迹鉴定的技术规范，是每个鉴定人重要且关键的功课。

一、笔迹鉴定技术标准的研究

国内外学者都致力于建立统一的笔迹鉴定技术标准，因此在不同视角或领域都进行了不少的探索和研究，但由于笔迹鉴定的经验科学的属性，不同的研究者研究思路和方法路径都有差别，因此研究的成果相对分散，整体缺乏完整性和系统性，还未能形成统一连贯的技术操作规范。而且，从笔迹鉴定学理论出发对笔迹鉴定技术标准进行研究的多，而鉴定实践中对标准化问题的研究和论证相对较少，因此有些环节缺乏可行性①。实践中，笔迹鉴定标准的研究主要关注了如下四个方面。

（一）确立检材的数量和质量标准

数量和质量是评价检验检测指标的两个重要因素，检材笔迹的数量是指涉案文书物证上存在争议的文字及符号有多少个，检材笔迹的质量是指涉案文书物证上存在争议文字符号的特征反映与特征表现程度，包括笔画的清晰度和特征的真实度。对检材笔迹数量和质量标准的设定，有学者认为可以分为以下三种情况。

1. 正常笔迹检材的数量和质量标准设定。主要研究书写者自然书写形成笔迹，包括普通汉字笔迹、签名笔迹，以及拼音文字与阿拉伯数字笔迹。一是对普通汉字笔迹的设定，根据汉字的结构和笔画的特定形态和特征特点，通常认为五个以上的汉字笔迹所综合呈现的特征已经具有足够的表现力及反映性，基本上可判断书写人习惯的本质属性，因此把检材笔迹鉴定标准定为：具备鉴定条件为不少于五个字，鉴定条件较好为十个字以上，鉴定条件好为二十个字以上。二是对签名笔迹的设定，签名笔迹不同于其他书写的文字符号，它是一种特殊的组合形式，在书写中体现有书写个性的特殊性特征，相对普通汉字的书写，书写者对本人名字的长期书写都会存在稳定且特定的特征，因而签名笔迹能单独成为鉴定对象。但汉字也有笔画的繁简，签名字迹鉴定标准常设定为不低于两个字，且每个字笔画不少于两笔。三是对拼音文字和阿拉伯数字笔迹的设定，由于拼音文字和阿拉伯数字结构及笔画都较为简单，因此鉴定标准设定为五个以上字母或数字，并且其中不同的字母或数字不少于三个。

---

① 凌宏.笔迹鉴定规范化研究综述[J].西安政治学院学报,2014(1):103-106.

2. 伪装笔迹检材的数量和质量标准设定。研究发现，伪装笔迹是一种需要高度注意的笔迹，这与正常笔迹的无意识书写动力定型不同，因此一次性连续书写文字的数量越多，其笔迹特征的伪装程度反而越低，此规律再加上实践中检验中伪装笔迹字数的出现率，除签名笔迹外大多数检材不少于十个字。因此，伪装笔迹检材的鉴定标准设定如下：具备鉴定条件为不少于十个字，鉴定条件较好为不少于二十个字，鉴定条件好为不少于三十个字。

3. 摹仿笔迹检材的数量和质量标准设定。摹仿笔迹的检材标准限定根据书写形成的特殊性分为两种情况，即摹仿普通汉字笔迹和摹仿签名笔迹。摹仿普通汉字笔迹的检材根据普通汉字笔迹特征的特点，判定是否存在摹仿书写事实通常不少于五个字；若要认定摹仿人，则需要的检材字数不能少于十个字。由于签名笔迹的特定性，摹仿签名笔迹的检材标准设定为，判明是否存在摹仿签名事实，检材字迹不少于两个字。但摹仿签名笔迹的鉴定一般不做确认摹仿人的鉴定，因为相对来说签名字迹数量少，绝大多数为二至四个，达不到认定摹仿人的数量和质量标准。

（二）确立样本的数量与质量标准

对于样本笔迹数量与质量的标准，既要考虑形成条件与检材相同或相近，又要考虑能充分反映笔迹的稳定性特征，确保样本笔迹的可比性，其标准确立存在以下两个方面：首先是一般标准，这是针对一般笔迹鉴定的需要，要求样本笔迹与检材笔迹文字表现方面具有一致性（包括文书体裁、形式、种类等）、形成条件基本类同（包括书写条件、书写工具、书写时间等）。样本的数量不能低于检材的要求，笔迹相同的部分应该至少重复两次，对于签名笔迹一般要求五份以上的样本笔迹；其次是特殊标准，即针对特定的鉴定类型，需要进行特定的样本收取，达到特定的条件。对于伪装、摹仿等特殊的笔迹，在收取样本时除了根据一般标准的要求，还应该根据其鉴定需要达到的相应特殊要求，如通常会要求收集实验样本，且要求按照不同书写速度、姿势，甚至使用不同的书写工具等完成一定数量的实验样本。比如鉴定实践中笔者亲历过这样一个实际案例，针对一起摹仿签名笔迹的鉴定，笔者发现受审查对象应该为意摹，于是，将签名笔迹的三字拆分后再将偏旁部首另行组合成其他字，再加入新字组成一小段话，让受审查对象完成实验样本书写。结果是，受审查对象立刻就满头大汗，双手发抖，当场就放弃了鉴定。

（三）确立笔迹特征价值标准

特征的价值，也是特征的质量，是笔迹鉴定进行比对时需要着重考察的。笔迹特征价值就是其特征的个性化，并且这种特征的个性化程度与其鉴定价值的大小成正比，笔迹特征的个性化程度越高，则其特征价值也越高。俗话说"物以稀为贵"，笔迹特征的个性化程度评价标准，就看该特征的稀有程度或重复的概率，某一笔迹特征出现或重复的概率越低，则证明该特征的价值与个性化程度越高。特征价值的确定，就是在大量统计分析样本笔迹特征出现概率的前提下，再根据出现的概率对特征的个性化程度进行评价，评价的结果就是特征的价值。笔迹特征价值大小的判断需要通过笔迹特征价值的规律来进行，那么首先就应该找出关于笔迹特征价值所呈现出来的规律。有学者对此进行了不少尝试，王冠卿教授根据国家文字改革委员会所统计分析的在出版、印刷行业中使用频率最高的四十个常用字，并结合笔迹鉴定中经常出现的七十多个汉字作为样本字。一是制作了 20~25 岁之间，不同性别、不同文化程度及职业和地区的人的书写笔迹样本；二是所选的样本字包括汉字的所有笔画及其不同的变化形态，并且包括所有笔画组成的形态，以及所有汉字组成部分之间的结构组合形式；三是研究收集的五百份笔迹样本涉及的 18 万个手写汉字，包含了各种笔画、字体结构的书写形态，作为研究依据。其做法是首先对统计标准进行初步确定，并将其典型的表现形态通过语言名称加以描述并标记。如将起笔特征分为左起笔、右起笔、顿压起笔、反射起笔、尖状起笔、起笔和回转，等等；然后计算并确定每一个笔迹特征在样本范围内出现的概率并记录结果；最终根据检测的数据比较，来给相应的特征赋值，作为鉴定价值大小的依据。

（四）确立笔迹鉴定结果评判的标准

笔迹鉴定的结果主要为三种类型：肯定同一、否定同一和推断性（或称倾向性）意见。

1. 肯定同一意见标准。王冠卿教授基于前文所述研究的统计结果认为，将检材和样本进行特征比对后，如果出现概率在 50% 以下的特征吻合达到十处以上，就可以出具同一认定的意见[①]。邹明理教授也提出了笔迹鉴定的肯定同一标准，首先是符合点评价，包括检材笔迹、样本笔迹与书面语言特征的一般特征相同，以及包括表现书写动作局部的个别特征等多数相同（80% 以上）；然后是差异点评价，即不同特征的数量占比低（20% 以下），质量也不高[②]。

2. 否定同一意见标准。邹明理教授认为，这个标准从检材笔迹与样本

[①] 王冠卿.笔迹鉴定新论［M］.北京：北京大学出版社,2016:6.

[②] 邹明理、杨旭.文书物证司法鉴定实务［M］.北京：法律出版社,2012:30.

笔迹特征的符合点评价，为一般特征和局部特征少量相同（通常应少于30%），且相同特征的数量与质量不属于本质的相同；从差异点来评价，不同特征占绝大多数（通常应大于70%），而且数量与质量上属于本质的差异；少数特征的符合是偶然的符合，能证明属于某些主客观因素导致的一般相似。

3. 推断性或倾向性意见标准。推断性意见虽然不能达到笔迹鉴定的理想目标，但也是一种客观性反映，因为有些案件检材笔迹鉴定条件较差，但又并非完全不具备鉴定条件，没办法很充分地评价肯定同一或否定同一，综合鉴定反映出来的全部信息最合适的意见是"可能同一"或"可能不同一"。推断性或倾向性意见的一般标准是："可能同一"的意见标准为检材笔迹与样本笔迹一般特征与个别特征符合的数量和质量占比都高（一般不低于70%），局部特征中又有重大差异，差异特征的质量高，且无法解释差异特征形成的原因；"可能不同一"的意见标准为检材笔迹与样本笔迹虽然有一般特征和部分质量高的个别特征符合，但多数局部特征不符合，而且符合的特征是否为本质符合不能充分且肯定地评价出一个准确的结果。

二、笔迹鉴定技术规范的基本要素

我国已经建立笔迹鉴定规范性文件，现行有效的是 2019 年 4 月 1 日起开始实施的《笔迹鉴定技术规范》（GB/T 37239—2018），这也是笔迹鉴定的最新国家标准，其由司法部提出并归口，司法部司法鉴定科学研究院起草，国家市场监督管理总局、中国国家标准化管理委员会发布。本规范共四个部分，即前言、正文、附录、参考文献。前言对标准的起草规则、提出及归口单位、起草单位、主要起草人员进行了介绍，正文包括标准规制范围、规范性引用文件、术语和定义、笔迹特征分类、笔迹鉴定的检验步骤和方法、笔迹鉴定特征比对表的制作、非正常笔迹检验的技术要点、签名笔迹检验的技术要点、鉴定意见的种类及判断依据、鉴定意见的表述共十个方面，附录分 A、B、C、D、E 五个，主要指明汉字笔画名称、偏旁部首、笔顺规则、间架结构及笔迹特征的标识符号，参考文献列举了十四个制定本标准所依据的已有研究成果及文件。

2010 年 4 月 7 日，司法部首先制定并发布了《司法鉴定技术规范——笔迹鉴定规范》(SF/Z JD0201002-2010)，该规范包括前言和正文，正文共五个部分，分别规定了笔迹特征的分类、《笔迹特征比对表》的制作规范、笔迹鉴定结论的种类及判断依据、笔迹鉴定规程、签名鉴定规程。从鉴定实践来讲，我国有关鉴定技术标准和技术规范的制定是比较滞后且相对欠缺的，故修订后的司法部《司法鉴定程序通则》第二十三条规定："司法鉴定人进行鉴定，应当依下列顺序遵守和采用该专业领域的技术标准、技术规范和技术方法：（一）国家标准；（二）行业标准及技术规范；（三）该专业领域内多数专家认可的技术方法。"相比修订前对应的《司法鉴定程序通则》第二十二条规定："司法鉴定人进行鉴定，应当依下列顺序遵守和采用该专业领域的技术标准和技术规范：（一）国家标准和技术规范；（二）司法鉴定主管部门、司法鉴定行业组织或者相关行业主管部门制定的行业标准及和技术规范；（三）该专业领域内多数专家认可的技术标准和技术规范。不具备前款规定的技术标准和技术规范的，可以采用所属司法鉴定机构自行制定的有关技术规范。"其中最明显是删除了"可以采用所属司法鉴定机构自行制定的有关技术规范"，这样严格规制了鉴定机构及鉴定人的伪科学鉴定技术问题，促进了鉴定行业的规范和提高。

2018 国标《笔迹鉴定技术规范》与 2010 年司法部版《笔迹鉴定规范》相比，在笔迹鉴定的检验步骤和方法、笔迹特征比对表的制作、非正常笔迹检验的技术要点、签名笔迹检验的技术要点、鉴定意见的表述等方面均做了一定程度的修改与完善。应特别注意的是，在"可能同一"的鉴定意见的表述上，新的国家标准特别强调：不应表述为"不能排除检材字迹……是某人所写"或"不能排除检材字迹……与样本字迹……是同一人的笔迹"，以避免在鉴定意见的理解上产生歧义，而在老版本里，这种表述形式是被允许的。

相比司法部的技术规范，公安部门自制的标准，将《笔迹鉴定规范》分为《正常笔迹检验》《伪装笔迹检验》《书写条件变化笔迹检验》[①]。在美国，法庭文件检验科学工作组（SWGDOC）早在 2000 年就发布了涉及笔迹鉴定的《法庭文件检验指引》，这份指引也成为美国的第一份文件检验技术标准[②]，虽然并没有成为正式的行业标准，但是却对文件检验行业内部统一标准提供了参考与指引。2012 年美国法庭文件检验科学工作组发布了《文件检验指南》，该指南对笔迹检验做了比较详细的规定。

三、笔迹鉴定技术规范技术应用的核心内容

笔迹鉴定技术规范技术应用的核心内容是笔迹鉴定检材与样本字迹特征的检验、分析，以及检材与样本字迹特征的比对与综合评断，根据《笔迹鉴定技术规范》（GB/T 37239—2018），具体实施中有如下技术要点，需要

---

① 李冰.文件鉴定人员质量控制内容比较及启示[J].证据科学,2015,23(3):350-358.
② 申泽波,李娜.美国法庭文件检验指引评析[J].公安科技,2005(4):63-65.

鉴定人员准确把握及严格遵守。

（一）检材与样本的检验和分析

首先，对于检材的检验要分析字迹是否为直接书写形成的，因为复制的笔迹特征的识别认定及鉴定意见的出具方式与直接书写形成字迹鉴定意见的出具方式会有明显的区别。实践中有的人说复制字迹不能鉴定的是片面的，但如系复制笔迹，要先分析可能的复制方法（如复印/扫描打印/盖印等），不同的复制文件其复制方法不同，各具相应特点。另外，还要看复制后的文字符号效果，笔迹特征有没有得到充分反映，以及复制的方法或结果有没有在本质上影响到笔迹特征的呈现。

其次，要分析检材字迹是否为正常书写字迹，正常书写和非正常书写的鉴定路径不同。如系非正常书写笔迹，就要分析属于何种情况以及形成原因。还要分析检材字迹中是否存在几种笔迹类型，每一种类型笔迹是何种书写模式形成，每一种笔迹类型与书写模式所具有的笔迹特征是否相符合，各笔迹特征之间是否存在内在的联系或关联性，同一类型笔迹与书写模式的笔迹特征是否存在变化，以及其变化的范围、程度和原因。将检材字迹的形成方式作为笔迹鉴定工作中检验的第一个环节，不仅仅是理论上的笔迹鉴定教材、论文等各家通识，而且是《笔迹鉴定技术规范》等实践性标准化文件的明确步骤。检材字迹的形成方式，对最终的笔迹鉴定意见出具具有决定性的影响，如果是书写者使用书写工具直接书写，则鉴定意见可为"检材字迹是（不是）×××书写形成"，但如果是打印或复印等方式形成，则鉴定意见应为"检材字迹出自（不是出自）×××的笔迹"。这样的鉴定意见，对于查明事实的证据效力是弱化很多的。传统鉴定方法，鉴定人用肉眼或最多借助放大镜来识别检材字迹是不是直接书写形成，以及是不是原件。但随着各种扫描、打印设备的科技水平不断提高、设备精密度的快速发展，现在一些高档打印机的微观呈现已经十分精细，其打印的签名字迹与手写签名字迹已经很类似，使人难以用肉眼直接区分了，这就更需要鉴定人时刻高度关注鉴定的第一步，确保准确识别检材字迹的形成方式，从而保障后续鉴定的顺利进行。检材字迹形成方式不同出具的鉴定意见也不一样，则法庭审判对该鉴定意见的证据适用也不同。如通过检验鉴定确认检材字迹并非直接书写形成，但举证方将该文书物证系作为原件向法庭举证提交，那么结果与事实的矛盾已经明确了该份证据的证据效力，法官在案件审理中据此便可对事实进行判断，不需要继续实施其他笔迹鉴定工作，检材字迹与样本字迹的比较检验也无须开展。

经上述分析，如检材字迹不具备鉴定条件，应做出无法判断的鉴定意见，或做退案处理。检材字迹具备鉴定条件，则首先需要按鉴定程序继续开展检验，下一步就是分析检材字迹的书写模式，因为如果书写模式不同，哪怕是同一个字其笔迹特征都会出现不同程度的变化。所以，确定检材字迹书写模式后，在检验中就可以去选择与之相同或相近书写模式的样本字迹。根据检材字迹的书写模式，应分析检材字迹反映出的书写水平、控制能力、书写速度、书写力度、笔画间的连接方式与照应关系等方面情况，对检材字迹特征的性质做出初步判断。其次，对样本字迹的检验主要是样本字迹来源审查、样本字迹状态审查及样本字迹特征分析。通过审查样本字迹来源，确定其书写人。样本字迹状态的审查同检材字迹一样，确定其是否与案件相关、是否具备比对条件，样本字迹是否数量充分、质量可靠或是否需要补充等。对样本字迹进行特征分析后，若有多分样本字迹，应分析其相互之间特征的符合、差异或变化情况，对样本字迹特征的反映情况及性质做出初步判断。

（二）检材与样本的比较和分析

检材与样本字迹之间的特征比对，常用直观比对、显微比对、测量比对、重合比对、仪器/软件比对等方法进行。如检材字迹存在非同一人书写的情况，则应该分别与样本字迹进行比较检验。应准确分析检材及样本字迹的书写模式和书写条件，尽量选取同类或相近的字迹进行比对分析。对检材样本进行比较检验时，既要分析比对二者之间符合或相似的特征及其分布情况，也要分析比对检材与样本之间的差异或变化的特征及其分布情况，并对检材样本上特征整体分布及性质做出综合分析。

对检材字迹和样本字迹进行比较检验，应先对选取的比较字迹制作笔迹特征比对表，然后逐个且详细地比对检材字迹与样本字迹二者之间的笔迹特征情况，包括反映出来的特征的异同与形成原因、特征的变化范围与程度等，并将比对情况在特征比对表上进行适当的标识或进行必要的说明。通常检材字迹置于特征比对表左侧，样本字迹在右侧，进行特征比对及分析时，要做的分析有：检材笔迹类型在样本中的反映情况，检材不同类型笔迹的书写模式在样本中的反映情况，检材与样本笔迹特征的符合或相近、相似特征及其分布情况，检材与样本笔迹特征的符合或相近、相似特征的性质及形成原因；检材与样本笔迹特征的差异和变化特征及其分布情况，检材与样本笔迹特征的差异和变化特征的性质及形成原因；等等，综合对笔迹特征做出初步价值评断。

（三）检材与样本字迹特征的综合评断

对检材字迹与样本字迹之间笔迹特征差异点和符合点的总体价值进行综合评断是鉴定意见出具前非常关键的一步，其评断的结果是否准确，直接关系到笔迹鉴定的任务是否能够顺利完成。综合评断的技术要点通常有：

1. 根据书写规范进行判断，主要看笔迹书写是否符合通常的书写规范，书写规范是共性，因此符合书写规范的笔迹特征的个性化程度低，价值也低，反之，不符合书写规范的笔迹特征个性化程度高，价值也高；

2. 根据笔迹特征出现概率进行判断，概率高共性也高，故出现概率高的笔迹特征价值低，而出现概率低的笔迹特征特定性强、价值高；

3. 根据特征的稳定性进行判断，稳定与可靠与特征是随行的，笔迹特征越稳定其价值越高，而那些容易变化、不稳定的笔迹特征价值就低；

4. 根据笔迹特征变化分布情况判断，特征分布情况反映特征的个性化呈现，检材字迹、样本字迹二者之间的笔迹特征变化情况相符的，其特征价值较高；

5. 根据受书写模式变化的影响情况进行判断，易受书写模式变化影响的相同字迹之间发生变化的特征或差异特征的价值较低，不易受书写模式变化影响的相同字迹之间符合特征的价值较高；

6. 根据笔迹的形成方式对笔迹特征的影响情况进行判断，容易受影响的笔迹特征的价值较低，不容易受影响的笔迹特征的价值较高；

7. 根据检材字迹的性质进行判断，若检材字迹怀疑是摹仿、伪装或条件变化笔迹的，其中容易受摹仿、伪装或书写条件等因素影响的笔迹特征价值较低，不易受影响的笔迹特征价值较高；

8. 对于某些难以评断的可疑笔迹特征，可通过模拟试验或实际调查进行进一步的分析判断。

第三节 笔迹鉴定标准的技术性反思

　　标准是对重复性事物和概念进行统一规定以期人们共同遵守，以科学、技术和经验的综合为理论及实践基础，经过有关共同体协商一致，由专业技术主管部门批准，以特定的形式发布的技术准则和依据。标准化活动的目的，就是要按照规定的程序经协商一致制定规范的运行规则、指南或特性，为标准化内的各项活动或其结果共同、重复使用。标准通过对活动及其结果规定相应的规则、导则或特殊值，经在预定的标准化领域内共同、反复使用，从而得到活动及其结果的最佳秩序。我国笔迹鉴定的标准由缺乏到建立，历经八年时间，从部标到国标，取得了显著的进步及成果，但标准的建立，是否能解决笔迹鉴定的诸多实际问题，并切实解决了笔迹鉴定行业技术执行与结果可靠的痛点？笔者看来，实践中仍有一些技术性问题是值得关注并进一步反思的。

一、笔迹鉴定标准面对的挑战

　　笔迹鉴定是一门经验性很强的科学，因为笔迹的形成涉及了最为复杂的运动变化个体——人的机体行为。虽然有笔迹形成的生理、心理上的科学基础，笔迹形成与变化的规律亦可以被寻找、发现并提炼，但也许就如人们还没有穷尽对宇宙的探索一样穷尽对人的大脑的探索，受到人脑影响或支配的笔迹形成，总是伴随着主客观因素同步出现，而一旦这种复杂因素导致运动或变化现象很难有稳定的规律呈现的时候，普世化的标准体系的建立，就会受到很多质疑，并且实践中很难解决复杂的笔迹鉴定的具体问题。

典型的笔迹鉴定标准的挑战首先来自美国的麦克·赖辛格（D. Michael Risinger）、马克·登博克斯（Mark P. Denbeaux）及迈克尔·萨克斯（Michael J. Saks）三位教授，他们搜集和调查了大量的笔迹鉴定资料，但发现资料内所反映出的笔迹鉴定方面的实证研究记录非常少，经过对这些实验结果及相关资料的进一步深入研究，针对笔迹鉴定的核心问题，三位教授对其所依据的专业知识提出了质疑，他们认为无法证明笔迹比对这样的专业知识的存在，即使作为经验科学也无法在经验上证实这些笔迹鉴定专家所称的专业共识。

而后美国笔迹鉴定实践的标准经历了证据规则弗赖伊规则（Frye Rule）和多伯特规则（Daubert Rule）的规制。首先是 1923 年确立的证据采纳标准——弗赖伊规则，该规则在证据的准入上主张新兴的科学原则或者发现如果要被采纳为证据，其所属的科学领域必须已经被普遍接受。在弗赖伊规则的要求下，笔迹鉴定专家的证言作为科学证据仍然被法庭采纳。为了进一步确定专家证言的专门性知识，1975 年建立的《美国联邦证据规则》的第 702 条将专门性知识分为"科学知识""技术知识""其他特别知识"，该条指出来自任何合格的科学家所拥有的无论是科学、技术或其他方面的专门知识，只要这种知识在法庭上表达后能够帮助陪审团理解证据或者判断事实，就可以构成法庭证据的可采性条件。1993 年的多伯特

（Daubert）案件审理中，联邦最高法院针对联邦证据规则的第 702 条关于专家证言可采性的规定提出了新的标准，即考察该科学知识是否具备科学上的有效性，这就是美国证据标准中的多伯特标准。这个标准的进步，主要就是开启了对科学证据是否科学的根本问题——对科学本身的审查。美国的多伯特标准主要包括这么几个问题：一是该科学证据适用的理论或技术能否被实证所重复检验，并得到证实；二是对该科学证据适用的科学技术的潜在错误率是否可知，并且是否针对该技术建立了客观应用及操作标准；三是该科学证据所适用的技术是否经历了同行的检视或评议，以及是否被相应的科学团体接受。在多伯特案中审理法院区分了"科学知识"与"技术知识""其他特别知识"，因而对科学证据考察的"科学上有效的标准"仅仅限于"科学知识"范畴的专家证言，而"技术知识"或"其他特别知识"的专家证言是不符合该标准要求的。其中的实质问题就是，法官能接受被验证了的科学知识作为事实认定的依据，但对经历主观加工的"技术知识"或其他"特别知识"慎之又慎，重点审查这种主观加工是否同样科学。笔迹鉴定就是建立在科学知识的基础上，经历鉴定人主观加工的"技术知识"或"特别知识"，和"科学知识"相比，这两种知识自然可靠性程度需要更多的证实，因此，笔迹鉴定的专业知识是否符合多伯特标准开始引起一些法官的怀疑。例如 1995 年的 Starzecpyzel 案，审理法院一方面认为该笔迹鉴定技术未达到多伯特标准，另一方面又认为笔迹鉴定的专家证言属与"特别知识"，与多伯特标准要求的"科学知识"不同，可以不予适用该标准。笔迹鉴定专家被定位为"经验"型的专门知识的人，因而保留了笔迹鉴定专家所做出的专家证言的证据能力。但在 1999 年的 Kumho Tire Co.Ltd V. Car- Michael 案中，证据标准出现新的变化，联邦最高法院要求将多伯特标准扩大适用范围，不管是"科学知识"还是"技术知识"或"其他特别知识"都要求适用该标准的考察，于是主要依据鉴定人经验积累与知识沉淀做出的鉴定意见都不符合法庭专家证言的要求，笔迹鉴定、指印鉴定、精神病鉴定这些鉴定意见都被拒之门外。在该案后，美国司法实践出现三种情况，部分法院依旧接纳和采信笔迹鉴定的专家证言；部分法院完全排除笔迹鉴定意见的证据能力；还有部分折中而为，一方面不采信笔迹鉴定意见，另一方面允许笔迹专家进行笔迹检验，也不失为一种审理理性。总之，自此以后在美国曾经作为科学证据的笔迹鉴定在法庭的适用开始受到严峻的挑战，陷入了一种标准不明的尴尬处境。

虽然美国的专家学者及司法职业者们从未停止对笔迹鉴定技术的研究与实践，但笔迹鉴定意见的审查并未因此被视为"科学证据"而有任何门槛降低。国内实践稍有不同，理论界和学术界都在不断研究笔迹鉴定的科学性，但实践中往往笔迹鉴定意见比较容易被裁判者接受，并且一旦有了第一份笔迹鉴定意见，即使错了，其纠错程序或纠错的实体解决方式方法，都很难实现。

根据《司法鉴定程序通则》，一般鉴定程序没问题，仅仅对鉴定结果有异议，是不能引起重新鉴定的。而且，我国司法鉴定机构没有级别的差异，没有上级技术机构复议和审查的程序与实体设置，一旦第一次鉴定由审理法院对外委托，则基本该次鉴定意见很难另有对抗。法律虽然设置了专家辅助人制度，但除非原鉴定意见中有明显的原理性的科学错误，否则经验性的专家辅助人出庭质证进行鉴定意见证据对抗，很难有实际意义和效果。我国现行有效的笔迹鉴定技术规范，从标准体系上看，其更多体现为技术执行标准，较少是结果考核与评价标准。或者说，实践中还很需要笔迹鉴定意见的证据标准，从而保障笔迹鉴定意见能科学、可靠地服务于司法实践的事实认定。

二、正常笔迹鉴定标准的技术性反思

按照已有的研究成果，对正常笔迹鉴定后的结果评价及意见出具，理论与实务界均有一定共识。《笔迹鉴定技术规范》（GB/T 37239—2018）给出了 9 种笔迹鉴定意见共 27 条意见形成的评价标准，但都是描述性的标准，无法达到定性定量的要求。

（一）正常笔迹鉴定标准

正常笔迹是指从书写形成的过程评价为正常书写或仅有部分条件变化而书写的笔迹，其鉴定结果评价体系（实际是鉴定实践中相当于鉴定标准）通常分为四个方面来研究。

1. 肯定同一鉴定意见的鉴定标准。肯定同一即判断检材字迹与样本字迹系同一个人书写，或出自同一人笔迹，鉴定标准体现为：第一，检材及样本笔迹在总体上的书写习惯本质一致，二者笔迹特征相同的字迹不低于90%，而且其中主要的特征符合是稳定且特定的个性化特征；第二，检材与样本字迹特征差异点仅为很少部分，而且这种差异属于不同书写人但书写水平接近的特点；第三，个别笔迹特征的差异化表现能够得到合理解释及可信论证，通常结合鉴定材料实际及书写个体可能具有的生理或病理原因进行个别分析可以得出可靠的依据。准确认定特征基础，鉴定标准才能得到贯彻，鉴定意见的客观性和真实性才能够得到有效保证。

2. 否定同一鉴定意见的鉴定标准。否定同一即检材字迹和样本字迹不是同一人书写，或不是出自同一人书写。其鉴定标准体现为：第一，检材及样本字迹在书写习惯表现上有本质区别，二者不同特征占比不低于80%，且其中稳定且特定性的差异特征占比不低于60%；第二，检材字迹与样本字迹的相同笔迹特征很少，即使有个别相似特征表现出稳定及个性化，但总体表现二者为非本质的相同；第三，检材字迹与样本字迹非本质的相似可以得到合理解释，结合鉴定材料及书写者本人的特点可以找到这种偶然性符合的原因。

3. 可能同一鉴定意见的鉴定标准。可能同一是一种倾向性意见，表示同一人书写的可能性大，但缺乏充足的理由论证，或现有评价靠近而达不到同一的鉴定标准。可能同一的鉴定标准表现为：第一，检材字迹与样本字迹总体上书写习惯反映相同，二者相同特征占多数，且相同笔迹特征的主要部分为稳定且个性化的特征；第二，检材字迹与样本字迹特征差异仅为很少部分，二者的笔迹特征在总体上不能反映同一人书写的特性；第三，个别差异化笔迹特征根据鉴定材料和书写者个体特征的综合分析的解释找不到可靠的依据，不能充分评价为非本质差异。

4. 可能非同一鉴定意见的鉴定标准。此类型系不同人书写的可能性大，其鉴定标准体现为：第一，检材字迹与样本字迹在书写习惯表现上总体反映为不同人书写，二者差异特征是主要方面，且差异特征稳定、个性化占比为主要部分；第二，检材字迹与样本字迹相同特征占比很少，个别符合特征呈现独特稳定且个性化特点，但总体评价是一种非本质的符合；第三，对于检材字迹与样本字迹之间的个别笔迹特征的符合点根据现有鉴定材料以及书写者个体特点，不能充分评价其为非本质符合。

（二）诉讼证据视角对标准的技术性反思

标准，是衡量人和事物的依据和准则。笔迹鉴定的标准，就是解决笔迹认识行为和结果可靠的依据和准则。技术规范重点从行为上进行了规制，但结果上的评价标准尚十分欠缺，而司法实践中，最直接需要的就是笔迹鉴定结果。上述正常笔迹四种情况的鉴定标准，从字义上很容易理解，但在实操中却很难。其一，这种"多数""主要地位""独特性""本质"等概念词，缺乏精准的评价指标，实践中鉴定人"公说公有理，婆说婆有理"，无法达成统一的一致认同体系；其二，差异点的存在及其评价，在实践中不仅很难穷尽差异点的形成原因，而且并没有标准或技术规范来指导或规制差异点的解释，因而这种结果评价同样充满主观色彩和鉴定人的个人喜好，与发现、积累并公认的普遍真理或普遍定理的运用并已系统化和公式化了的知识的科学相比，笔迹鉴定的技术规范还远远达不到系统化、公式化的普遍性认知要求。

诉讼事实的查明需要靠证据，不管是客观事实还是法律事实，其实质都是需要查清事物的本来面目，即真相。因此，一种非确定性的证据，不能被严格证实的证据，是不符合诉讼法上证据的要求的。诉讼上的证明标准为"事实清楚，证据确实、充分"，裁判者更需要证据确实。故，可能性同一或可能性非同一的笔迹鉴定意见，使非专业的裁判者陷入两难，是否该使用该证据及是否该采信该证据？就算是完全肯定或否定的鉴定意见，该意见形成过程中的非公式化、公理性评价指标及鉴定人的主观评价，是否真正科学可靠，也让理性的裁判者难以决断。

因此，虽然实践中很多鉴定人认为笔迹鉴定容易上手，好学，但笔者经过多年的鉴定实践，却每每都是如履薄冰，每出一份鉴定意见都是反复及再三地慎之又慎。

三、伪装笔迹鉴定标准的技术性反思

笔迹鉴定之所以难，伪装笔迹的手段方法种类繁多、层出不穷是非常重要的原因之一，且书写工具、书写条件、书写人身体状况等的变化，均会导致书写字迹的变化，这与伪装笔迹之间有的界限比较难以区分，因而实践中相比其他类型的鉴定，可能出现差错的机会比较多。

（一）伪装笔迹鉴定标准

有研究认为，伪装笔迹包括检材伪装笔迹和伪装笔迹书写人的鉴定，二者均可总结并归纳相应的鉴定标准。

1. 伪装笔迹的鉴定标准。第一，对检材笔迹的书写动作规律进行审查，伪装笔迹书写过程中，书写人更多关注笔迹形态上的勾画而注意力集中在运笔动作上，而对字迹正常书写动作的规律性表现缺乏，甚至出现相同笔画在前后的书写过程中表现明显不同的情况。也因为书写者单方面注意力的过度集中而出现运笔迟缓、中途非必要停顿以及笔画变粗与笔压变重等情况。第二，书写人为达到书写模式伪装的目的，以及在改变笔迹特征方法的书写中，出现停顿、断笔等书写过渡痕迹。第三，持续的注意力集中改变会因为意志力的约束机制而减弱，并反映出其本来的注意方式，因此伪装书写者在书写过程中可能无意识暴露自身原有书写习惯，因而通过涂、改、描等方式掩饰其暴露的字迹。

2. 伪装笔迹书写人的鉴定标准。第一，根据伪装笔迹的鉴定标准首先确定检材字迹为伪装笔迹，既要依据充分，又要考虑笔迹变化的可能；第二，检材笔迹总特征中一半以上为没有伪装的笔迹特征；第三，必须保证有条件充分的样本字迹来进行鉴定比对，鉴定中应收集书写人不同时期正常书写完成的字迹来作为样本笔迹；第四，待检字迹中未伪装的书写字迹的笔迹特征与书写者正常书写的笔迹特征大多数是一致的；第五，根据待检材料呈现的检材笔迹形态特点，结合书写者涉案情况，存在伪装笔迹的动机与可能，且有证据显示检材中出现的明显违背正常字迹的书写痕迹、书写工具伪装痕迹等与书写者存在涉案关联性。但值得注意的是，摹仿笔迹和伪装笔迹都是非正常笔迹，但实践中一般不做认定摹仿笔迹书写人的鉴定工作。

（二）诉讼证据视角对标准的技术性反思

《笔迹鉴定技术规范》（GB/T 37239—2018）没有对伪装笔迹的鉴定标准进行规定，仅仅指出了 6 条检验要点，分别是：书写人故意放慢书写速度；书写人强行加快书写速度；书写人故意改变单字的写法/结构/字体/字形/笔顺/运笔等；书写人故意采用非习惯用手（常为左手）进行伪装书写；书写人故意采用直尺画写或喷涂等非常用书写工具和书写方式进行伪装书写；书写人混合采用以上方法或故意采用其他特殊方法进行伪装书写等。但从上述伪装笔迹鉴定标准可以看出，其总结归纳的其实也是检验的要点，只是更为明确，直接指明了伪装笔迹的特征，通过特征的识别认定来鉴定伪装笔迹。

有纠纷故引起诉讼，息诉止讼、化解纠纷，很难自行达成一致，需要裁判者居中决断，其中居中除了裁判者地位的居中，还当是事实查明后公平评判点的居中。前述伪装笔迹的鉴定标准，实际上并没有解决公式化的鉴定要点及鉴定指南问题，实践中没有一套放之四海而皆准的体系来直接认定伪装笔迹或伪装笔迹书写人。故，对于伪装笔迹的鉴定结果，裁判者也仅能从鉴定人职业、学历、专业、从业经历等角度去寻找内心确信的支点，而无法充满信心地接纳该证据并直接用于案件事实认定。

综合来看，现有的技术规范，主要试图解决笔迹鉴定中的过程规范化和结果的统一化问题，但实际上对于鉴定结果的科学性及可靠程度角度考虑的鉴定标准，尚有很大的研究及发展空间。

4

第四章

笔迹鉴定意见的
形成与运用

笔迹鉴定属于法庭科学，笔迹鉴定意见是人民法院在诉讼过程中审理案件查明事实、认定事实的一种重要证据，笔迹鉴定的专业性往往难以替代，因而其通常成为案件审理中的关键证据。法庭科学证据并非完美，瑕疵或错误的证据甚至成为铸成冤案的第二大理由[①]。要加强法庭科学，首先要对进入法庭的证据进行严格的科学规制及审查，并在法庭进行严格的质证方得以应用于事实裁判。

---

① ［美］布兰登·L.加勒特.误判,刑事指控错在哪了［M］.李奋飞,等译,北京:中国人民大学出版社,2015:75.

第一节　笔迹鉴定的论证与审查

笔迹鉴定属于经验科学，但其比较检验等环节往往是一种客观认知，鉴定人相对容易准确把握，但对特征的分析判断环节却主要体现鉴定人的主观推理，需要鉴定人具备足够的实践经验和知识水平，才能对笔迹鉴定进行全面把握[①]。故笔迹鉴定的综合评断是十分关键的步骤，同时，为确保笔迹鉴定意见能够科学服务于法律问题的事实证明，既需要鉴定机构和鉴定人员对鉴定意见进行内部审查，也需要裁判者或笔迹鉴定意见的使用者对其进行仔细的外部审查。

一、笔迹鉴定的综合评断

综合评断是在比较检验的基础上，对检材笔迹与样本笔迹的相同或不同特征进行全面、整体的价值科学分析，然后对二者符合点与差异点的总

---

① S C LEUNG. Handwriting as evidence[A]. GERBEN BRUINSMA.DAVID WEISBURD. Encyclopedia of criminology and criminal justice[C]. New York：Springer,2014:2027-2036.

和、性质进行总体评价，并最终形成明确鉴定意见的过程。综合评断的方法，一般从差异点分析开始，首先，如果差异点是主要矛盾、本质差异，则可以直接出具否定同一的意见；其次，任何笔迹都会出现一定的特征差异，同一人书写的字迹符合点是主要矛盾且分布广泛，但也因书写多样性等各种原因会有各种差异，即算可以出具肯定同一的意见也必须对差异点进行解释，这种差异还应该是非本质的，其解释也必须达到内心确信的程度。差异点的评断，首要的是确定其性质，差异点性质可分为本质差异和非本质差异。本质差异表明检材笔迹和样本笔迹的特征个性化区别明显、不同特征的数量和质量占比大，非本质差异系检材与样本二者笔迹特征的个性化区别不明显，甚至没有，且不同特征数量与质量的占比小。按照排他性证明的方法，如果能充分排除不同人书写的差异性特征，则同一人书写的鉴定结果更为可靠，因此，笔迹鉴定的同一性认定，特征差异点的评价是十分重要且关键的。

对于笔迹特征差异点的评价，麦克·亚历山大（Mike Alexander）研究后认为，研究视角或重心不同，不同研究者或不同的教科书对笔迹特征差异点评价各不一致。[①] 著有笔迹检验经典著作的亚历克斯·奥斯本（Alex Faickney Osborn）指出："如果检材和样本不被认定为同一，那么就必须认定它们出自不同的书写人。"这个论点的出发点是面向鉴定人的专业进行的，有笔迹鉴定专业的明确追求指向，但是从客观事实及目前人们的认知水平来讲，这个观点是很难被苟同的，因为即算设定了不能得出同一认定的限制条件，实践中各种复杂因素引起的特征变化也可能最终出现无法

---

① 弗洛伊德·I.怀特.本质性差异在笔迹鉴定结论推断中的应用[J].杜水源,官万路,译.中国司法鉴定,2004(4):57–60.本章系列美国笔迹鉴定专家的言论均引自此文,不一一注明。

认定的情况。比如书写人蓄意伪装、书写面或书写衬垫物等书写载体不同、书写工具的不同、书写人生理上或心理上出现变化，甚至样本条件不充分等，这些情况的发生都可能导致鉴定中无法认定同一。因此，不能认定检材和样本的同一，可能是缺乏充分的认定依据，但并非一定是不同人书写形成。

罗伯特·哈里森（Robert Harrison）认为笔迹特征本质差异的标准是："如果检材和样本在对笔迹的基本结构有关键影响的特征上，表现出某个稳定的差异，并且差异难以得到合理的解释，就不能断言它们出自同一书写人。"其表达的含义是：即算检材字迹和样本字迹的特征差异仅有一个是本质差异，也不能认定二者是同一的，但不是必然相反就认定为否定同一。哈里森认为因为检材样本存在"稳定的差异"且这种差异多次出现，是否定同一的必要条件。如果差异点能够得到合理解释，那么其认定标准就不能导出否定同一的结果。康维也和哈里森持有相似的观点，他指出："如检材与样本之间存在某个本质差异，就不能出具认定两者同一的结论。"康维和哈里森二人认为检材样本存在有本质差异的特征就一定导致否定同一的认定结果，不同的是，康维的观点中本质差异与非本质差异的界限必须是特征差异至少出现一次以上。

奥罗维·希尔顿（Orovi Hilton）持有的观点与哈里森和康维都不同，希尔顿认为出现一个本质差异并非"无法认定同一"，而是可以做出否定同一的认定。希尔顿认为："为了证明检材和样本源于不同的书写人，至少要求在它们之间有一个基本的重大差异——没有得到相同表现的认定同一的本质性个体特征。"但"认定同一的本质性个体特征"的具体表现、如何界定，是否能准确进行描述或有具体例证说明，希尔顿的论述中并没有提及。他还指出：利用某一本质的差异来做出否定同一的认定，必须具备全面的样本，并且这些样本能够"完全表现出书写人的书写习惯及技能"。这是一个语义上的难题，为了确立否定同一的依据而在定义特征的本质差异时，怎样实现这种依据的标准解释，学者们都未能有让人信服的描述。希尔顿也尝试把"否定同一"理解为"不同一性"，为此他认为"笔迹检验的一条基本原则是，即使有许多很好的相同点，有限数量的基本差异是决定性的，可以确立不同一性。"但希尔顿关于"不同一性"与"否定同一"的术语论证，仍然没有解决检材字迹和样本字迹不能被认定同一的问题，也只能归结为"无结论"的情况。对此，亚历山大等人的观点又与希尔顿不同，他们在《笔迹鉴定结论术语标准》的著述中指明，"无同一性"（等同于不同一性）的术语表达是一种专业用语上的累赘——"可以意味着很有可能为同一人书写到完全排除同一人书写范围的任一结论"。因此，亚历山大认为鉴定人应将标准术语统一为"否定同一"，而不使用"不同一性"的表述。

何为本质差异，实践中对此的识别和认定标准很难确定，因此鉴定人试图用基本差异、重大差异和本质差异来建立区别。虽然希尔顿认为本质差异就是某个笔迹特征基本的重大差异，但实质上很多鉴定人认为这三条术语之间是有界限的，或者可以参照稳定差异、实质性差异等术语同类表达等。亚历山大试图用本质差异和重大差异的术语表达来区分特征差异价值的评断，为此他提出了否定同一的差异评断应当包含以下四个方面：其一是差异点的稳定性，即某个特征差异点或某几个特征差异的组合重复出现，这种差异是稳定的；其二是差异点的独特性，即这种特征差异是个性化的特征差异，差异点的特征价值高，不是偶然性差异；其三是差异的反映性，这种特征的差异是书写个体正常书写形成的；其四是差异点的可解释性，即必须判断并排除诸如伪装、书写多样性、多种书写方式、意外改变及笔迹的正常变化等长期或短暂的因素导致的差异。

笔迹鉴定澄清了对差异点的评断，对符合点的评断同样需要高度重视且一丝不苟地去完成，不能非此即彼，出现极端的认为否定一方面就必然是肯定另一方面。或者说，不能认为特征差异点是非本质的，就做出检材样本笔迹肯定同一的鉴定结果。符合点也区分为本质的符合及非本质的符合，二者的区别主要在检材笔迹与样本笔迹相同特征质量、数量上的占比或所处的优势地位，如果相同特征的数量、质量占比很大，就是本质的符合；如果相同特征的数量、质量占比小，就是非本质性的符合。在对特征符合点进行评判时，应当十分关注该特征的价值，比如那些非规范书写的、多次重复出现的符合点，即鉴定价值高的符合点。在综合评断时结合检材笔迹与样本笔迹之间差异点和符合点整体表现，如果是本质符合和非本质差异，则一般可做出同一人书写的鉴定意见；如果是本质差异与非本质符合则可做出不是同一人书写的鉴定意见。

二、笔迹鉴定意见的审查

鉴定科学实证活动中的判断与鉴别，就是鉴定意见的鉴定方法[1]。

从鉴定科学来讲，鉴定方法是在辩证唯物主义认识论指导下，运用物理、化学、仪器、统计、生物学等科学技术方法和物证技术，对鉴定材料进行观察、比对、统计、分析、检验、检测等包含物理化学、医学生物学、仪器分析统计学等在内的非常精细、专业的科学方法[2]。

---

① 孔令勇.论涉鉴类刑事庭审实质化的实现——以庭审认证程序为视角[J].中国司法鉴定,2016(4):7-18.

② 贾治辉,徐为霞.司法鉴定学[M].北京:中国民主法制出版社,2006:40.

无论采取哪种鉴定方法，鉴定都要对检材与样本的检测进行分析与判断评价，检材与样本来源不明，鉴定意见就失去了合法性；如果检材样本数量、质量达不到鉴定规范的要求，鉴定意见也就失去了可靠性和科学性的基础[①]。

　　鉴定的过程和方法中可能混杂伪科学，说其伪科学是指该技术或方法表面上具有科学的基本形式，但实际上并不具有可验证性，具有很大的迷惑性。伪科学的存在有两种状态，其一是过失为之，其可能是检验检测的数据记录或统计出错，从而形成伪科学状态，这种情况只要进行溯源分析，是相对容易审查判断出来的；其二是故意为之，用虚假数据制造技术发明，或者用错误认识拟制技术标准，这样的鉴定必然带来错误的鉴定结果，而且还可能误导裁判者甚至导致真正科学的鉴定遭受质疑而被排除，出现鉴定技术的"劣币驱除良币"效应[②]。

　　（一）我国法律对笔迹鉴定意见审查

　　诉讼实践需要运用证据查明事实，笔迹鉴定意见作为证据进入法庭，必须要对其证据能力进行审查和判断，如果审查发现其可采性存在问题，则最终不会被法庭接纳为涉案证据，更不会被采信。

　　梳理我国现行有效的法律，程序、实体、形式等都是对笔迹鉴定意见审查的内容。

　　1. 来源上的审查。进行笔迹鉴定的检材，必须是案件争议相关的文书

---

　　① 孔令勇.论涉鉴类刑事庭审实质化的实现——以庭审认证程序为视角[J].中国司法鉴定,2016(4):7-18.
　　② 赵杰.司法鉴定意见科学可靠性审查[J].证据科学,2018(3):300-311.

物证材料，如果是刑事案件中的笔迹鉴定，送检的鉴定材料的相关内容和信息还必须和扣押物品清单或提取笔录等一致，而且与现场照片和勘查笔录等记录的材料是符合的。同时，对鉴定检材应当进行唯一性标识，在提取和保管时应当保持原貌并安全存放，其目的是保证鉴定材料来源合法且真实有效，对涉案文书物证现场提取还应安排见证人见证并在提取笔录上签字证实。

2. 方法上的审查。笔迹鉴定方法必须科学、可靠，有据可循，必须符合有关国家、行业规定的标准和技术规范。对检材与样本笔迹的比较检验和综合分析判断，必须对检材与样本笔迹特征识别准确、定性科学，特征异同能得到合理解释。

3. 笔迹鉴定意见应当有相应的结果呈现，其意见可以是肯定同一，或者否定同一，甚至是可能性的是否同一。

4. 鉴定人员制作《笔迹鉴定意见书》要符合国家、行业有关文件规定及技术规范，应当载明鉴定机构名称、鉴定意见书编号、委托人信息、受理和鉴定日期，并且还要标明包括鉴定依据、鉴定方法、鉴定过程等鉴定内容的相关信息，笔迹鉴定意见书落款处加盖鉴定机构鉴定专用章，鉴定人需要在鉴定文书落款处手写签名。

如果一份鉴定文书缺乏必需的规范条目，那么该份笔迹鉴定书将因为形式不合法而不具备证据能力。

（二）庭审中笔迹鉴定意见的审查

在鉴定程序合法、形式客观且无其他否定性条件的情况下，法庭是否采纳笔迹鉴定意见通常从以下五个方面考察。

1. 笔迹鉴定需要确定鉴定条件的问题，因此鉴定人首先要判断检材字迹的形成条件，该字迹是正常笔迹还是伪装笔迹，比如检材字迹是否为手写字迹，如果将复印或打印字迹当作手写字迹实施并完成了鉴定，则由于字迹形成方式的不同源，该鉴定意见就失去了证据能力，法庭就会不予采纳。

2. 检材字迹没有伪装，接下来就要对笔迹的书写方式进行识别，因为有可能出现书写者为掩盖笔迹的真实呈现会故意留下改变书写方式的字迹，故对书写方式的识别能够帮助鉴定人建立起涉案文书物证与案件的关联性，从而提高笔迹鉴定意见的证据能力。

3. 根据前面做法分别对检材字迹和样本字迹进行检验分析，然后将二者进行特征对比，再根据对比的情况进行总体分析。样本的真实性和充分性直接影响到笔迹鉴定的结果及证据效力，因此务必确定样本字迹为涉案书写人本人书写，且当事各方一致认可。法庭在对样本进行审查时，通常会考察鉴定人使用的样本是案前样本还是案后样本，一般案前样本的鉴定价值要高于案后样本。特别是，案后样本还要注意甄别是自然样本还是实验样本，自然样本的鉴定价值要高于实验样本。

4. 对检材和样本字迹特征的比对检验中，用以对比的特征点是不是具有典型性和代表性十分重要，但这种评价是十分专业的，法官无法进行专业评价而且法庭的重心和庭审时间都是审判，法庭上对笔迹特征点的审查判断仅做出简单判断，如存在错别字、书写异常等。而某些具有普遍书写特征的笔迹则不能说明个体情况，鉴定意见的证据能力会因为其特征独特性不突出而降低。

5. 法庭人员理解能力之外的笔迹鉴定意见的专业知识，在进行法庭审查时需要鉴定人的出庭质证，唯有笔迹鉴定意见在法庭上得到了合理解释，才有可能被法庭采信，并能够用于证明涉案争议事实。

对问题笔迹鉴定意见书，可以提起重新鉴定、补充鉴定，但均需符合各自情形，这也是对笔迹鉴定意见审查后的救济措施。我国《最高人民法院关于民事诉讼证据的若干规定》第四十条规定，当事人申请重新鉴定，存在下列情形之一的，人民法院应当准许：（一）鉴定人不具备相应资格的；（二）鉴定程序严重违法的；（三）鉴定意见明显依据不足的；（四）鉴定意见不能作为证据使用的其他情形。存在前款第一项至第三项情形的，鉴定人已经收取的鉴定费用应当退还。拒不退还的，依照本规定第八十一条第二款的规定处理。对鉴定意见的瑕疵，可以通过补正、补充鉴定或者补充质证、重新质证等方法解决的，人民法院不予准许重新鉴定的申请。重新鉴定的，原鉴定意见不得作为认定案件事实的根据。不过，这四种申请重新鉴定的情形如何适用、如何审查，没有法律规定审查实施的细则，也没有具体的审查期限的法律规定。尤其是对于鉴定结论明显依据不足这种情形的审查，缺乏操作性，实践中适用混乱或有的干脆将之视为僵尸条款，因为法官局限于专业知识的相对欠缺，是无法对鉴定意见是否属于依据不足进行实质审查的，顶多结合案件的其他证据进行考察，但考察的结果也帮助甚小。因此，鉴定意见的审查还需发挥法律规定与制度约束的众多因素，将各参与主体的积极能动性都调动起来，共同致力于科学证据的科学应用。

第二节　笔迹鉴定的文书表达规范

笔迹鉴定的文书主要就是以鉴定报告书为形式载体的笔迹鉴定意见书，其内容是对鉴定人实施鉴定活动的依据、步骤、方法和鉴定所检验观察到的鉴定现象的客观记载，以及鉴定人进行分析判断的主观推理的综合反映，或者说是鉴定人基于客观检验发现而分析解释并通过主观推断形成结果的概要[①]。笔迹鉴定文书由专业鉴定人做出，但使用者为非该专业的当事人及裁判者，因此，为保证确切的证明效果，笔迹鉴定意见书必须有规范的文书表达。

一、笔迹鉴定文书规范化释义

笔迹鉴定是一种司法物证活动，笔迹鉴定意见文书形式上是一种司法文书，应当体现司法的严肃性、公正性；同时由于其本质是鉴定人实施科

[①] C LEUNG, Y L CHEUNG. On opinion [J]. Forensic Science International, 1989 (42): 1-13.

技实证活动的物化反映，是"行内"与"行外"进行信息交换的载体 ①，故而其语言上应当遵从中立性与预断性、准确性与模糊性、简略性与详解性以及针对性与相关性等四者间的对立统一。

"规范化"一词的应用范围可谓相当宽泛，其定义是在经济、技术和科学及管理等社会实践中，对重复性事物和概念，通过制定、发布和实施标准（规范、规程和制度等）达到统一，以获得最佳秩序和社会效益。规范的核心意义是"适合于一定的标准"，标准本身则是出于协调各方并使之"步调一致"并满足"重复使用"需求而提出的概念，标准化之协调、促进功能远大于规制功能。规范化最初是个计算机概念，其理论主要用来改造关系模式，通过分解关系模式来消除其中不合适的数据依赖，以解决插入异常、删除异常、更新异常和数据冗余问题。司法鉴定是基于对鉴定现象的客观呈现后的主观识别再做出的主观判断，因此司法鉴定特别是各类同一认定，鉴定人在鉴定项目中专业的分析判断对鉴定结果有着决定性的作用，标准本身是一种静态化的事物，是方法、流程及文书的规范，这种规范很难直接确保问题答案的正确性，因此，我们所主张的其实应该是动态的"规制"。鉴定的"文书规范"不仅仅是严肃的司法证明在形式上的要求，而且希望以此来达到以形式规范促进实体规范的目的，选择性地让高质量的司法鉴定意见进入裁判者视野，而将低质量鉴定文书拒之门外，低质量鉴定文书往往紧随着低质量的司法鉴定，说理牵强、论证浅泛，既会影响到对案件事实的认定，更可能出现错误引导以至于影响司法公正。规制鉴定人的鉴定行为，使之严格执行鉴定技术规范也是实现文书规范，并借以形成客观、科学鉴定意见的有效途

---

① 关颖雄.笔迹鉴定意见刍议[J].中国司法鉴定,2016(3):83-92.

径。此外，还通过诉讼中的审查和庭审中的质证来进一步验证该项鉴定是否符合要求，总体达到规范要求前置，审查验证贯通全过程的鉴定工作路径。实践证实，规范笔迹鉴定意见文书能够促使鉴定质量和水平得到进步和提高，但必须审慎且客观的是，文书规范并不是等同于高质量的鉴定，换句话说，对鉴定文书的规范仅是形式上的规范，仅凭这个规范不能等同于实现了鉴定的科学、客观要求，不符合鉴定科学性要求的、片面或偏见的鉴定意见，尤其是那些伪科学的鉴定意见往往其文书"规范"执行得非常好，但也正是因为其良好"规范"的外表极具迷惑性，很容易让裁判者忽略对内容的审查，甚至因此陷入知识的盲区和认识的误区，错误采纳该鉴定意见并导致错误裁判的结果。

由此，对于鉴定文书规范的事情应该辩证地对待，一方面我们规范鉴定文书的目的是不断提升司法鉴定的质量，但也应该跳出"唯质量论质量"的思维和"为规范而规范"的片面误区，将规范和质量有机地整合进行研究；另一方面，当前的司法鉴定实践研究表明，很多鉴定意见书就是行业内的人读起来都生涩拗口，而非行内的人要准确理解并合理应用鉴定意见文书，则更是十分困难，鉴定文书的可读性规范性问题确实应该引起足够的重视。故，笔迹鉴定文书规范化就是在笔迹鉴定实践中，制定、发布、实施鉴定文书的制作规范、专业用语标准、文字及意思表达规程，统一文书的表达形式，删除非专业或易导致歧义的异常用语与表达冗余，从而协调、促进各笔迹鉴定意见的精准及专业表达。

二、我国司法鉴定文书规范化的要求

形式的规范也是由众多节点的规范所共同筑成的，高质量的司法鉴定文书，不仅凝聚着鉴定人认真负责、鉴定程序合法依规的鉴定行为规范，而且蕴含着分析检验科学严谨、鉴定结果客观公正的鉴定过程规范。因此，一份规范、高质量的司法鉴定文书能够向人们展示司法鉴定的"真善美"，人们就会相信司法鉴定，唯其如此，司法鉴定才有公信力。

（一）司法鉴定意见书的规范化规定

有研究者认为，司法鉴定意见书是司法鉴定活动过程与结果的最终书面载体，应当详细记录、反映司法鉴定活动全过程的重要及关键信息，包括从委托受理、检验分析到结果出具，都应当严格符合司法鉴定技术规范的专门要求[①]。

2002年7月5日，司法部针对我国司法鉴定文书的规范发布了《司法鉴定文书示范文本(试行)》，从法律层面开启了对司法鉴定文书管理规范的时代篇章。但因为本规范的制定是根据《司法鉴定程序通则（试行）》而来的，且发布在《全国人民代表大会常务委员会关于司法鉴定管理的决定》出台之前，故本规范并没有在立法上对司法鉴定文书的概念、性质、分类进行明确，在当时仅仅对司法鉴定文书以指导形式起到示范性作用。历经五年的文书规范试行，在2005年《全国人民代表大会常务委员会关于司法鉴定管理的决定》(以下简称《决定》)发布以后，司法部结合《司法鉴定程序通则》于2007年11月1日发布了《司法鉴定文书规范》，详细、全面地规定了司法鉴定文书的格式及内容，对文书构成、行文要求、字体、字距行距等诸多方面形式及实质的内容进行了明确的规定。2016年《司法鉴定

---

① 王连昭.笔迹鉴定意见书表述规范实证研究[J].山东警察学院学报,2019(5): 57-64.

程序通则》修订后，司法部结合《决定》颁布十多年来司法鉴定行业的发展变化，于 2016.11.21 日印发了《司法部关于印发司法鉴定文书格式的通知》（以下简称《通知》），通知中对司法鉴定委托书、司法鉴定意见书、延长鉴定时限告知书、终止鉴定告知书、司法鉴定复核意见、司法鉴定意见补正书、司法鉴定告知书等七种司法鉴定文书格式发布了模板，整体以文字和体例的形式对制作司法鉴定文书的法定标准、法定要求以及法定格式进行了明确，2016 年发布的《通知》是对司法鉴定文书规范的一次全面、规范、具体的修订，标志着司法鉴定文书的规范化新时代的开始。

此外，诉讼法上的证据表述将"鉴定结论"修订为"鉴定意见"是一种非理性的修订，既蕴含鉴定意见不应该被裁判者盲目崇信之意，也表达了司法鉴定文书需要准确且规范的要求。"结论"是指"对人或事物所下的最后的论断"，其语义上的内涵就是除非出现特殊情况，鉴定结论具有终局性、结果性的客观呈现效果。而"意见"是个体表达的"对事情的一定的看法或想法"，故鉴定意见只是一种主观呈现，是鉴定人根据其自身专业知识、个人经验，结合科学技术仪器对鉴定现象的识别与认知，针对案件中的专门性问题所做的个人判断与见解，并不具有客观上的结果终局性。因此，"鉴定意见"的表述比"鉴定结论"的表述更符合鉴定的本质属性。在中西方的现代诉讼制度中都强调，即便是科学的鉴定意见，其最终的采纳也必须经过法庭的严格审查。

（二）司法鉴定意见书的具体规范列举

笔迹鉴定意见书的规范，从整体形式到组成部分、从字体到附件、从符号到图片，等等，均有明确的要求，但具体到文书的制作与表达，还应重点关注如下两个方面。

首先，每个鉴定案件其特征呈现情况不同，因而每个案件都有其鉴定文书的个性表述，个性表述应该围绕特征的检验和分析。规范的鉴定文书模板要求共性的统一，但鉴定人应该着重在每个不同案件的个性上突出其特定性的表达。在对检材的分别检验中，其分析描述应当突出检材的性质与形成方式，检材字迹是否为正常书写形成，是否为伪装或摹仿笔迹，检材字迹特征反映是否稳定全面，是否具备鉴定条件。在对样本的分别检验中，首先应区别样本的价值，是自然样本还是实验样本，是案前样本还是案后样本，样本数量是否充足、质量是否可靠，是否具备比对条件。对检材和样本的比较检验突出笔迹特征的数量和质量，二者特征的符合点和差异点总体表现对比，应当重点列举评价鉴定价值高的特征点，为整体结果评价提供素材。综合评断需要正反两个方面都详细论证，对本质性特征做出准确阐释，对非本质性特征能够合理解释。

其次，特征比对表是鉴定文书的技术表达核心，应当按照文书规范精心、准确制作完成。特征比对表（也有的称之为特征比对图片）是为了直观展示检材与样本之间特征的比对情况，而将选取的重点字迹及笔迹特征进行标示并将比对整体呈现而制作的图片。特征比对表作为鉴定意见书的附件置于正文之后，是鉴定意见书的使用者包括裁判者认知和审查该鉴定意见的重要材料。具体制作时，鉴定人首先截取选定的检材与样本笔迹的代表性字迹的图片，然后按照笔迹鉴定技术规范的规定使用标准的标识符号对认定的高价值特征点进行标示。鉴定实践中文书鉴定、笔迹鉴定的很多鉴定人往往重检验过程的描述，但并不重视特征比对表制作，有学者调查发现2016年之前的大部分鉴定意见书，鉴定人很少会进行特征标示，所附的特征比对表仅仅体现了检材样本笔迹中截取的部分特定字。

近些年，我国开始重视鉴定文书的规范化改革及运行并突出司法鉴定标准化的建设和运用，因此鉴定文书规范化问题得到很大改观。但标示规范性问题仍需大力改进，特征比对表的标示其实也就是鉴定人对特征检验分析的把握以及特征符合与差异评断的理解和专业程度。

实践中笔迹鉴定人员水平的参差不齐，不同鉴定人的态度不一样，对特征的标识五花八门：有的标识过少，不能充分支撑其鉴定意见；有的标识笼统没有重点，不能区分特征的本质性与非本质性；有的不按规范和标准选用符号标识，不按规范方法进行标识，不能准确表达不同笔迹特征的类别与含义。笔迹鉴定技术规范明确指出，鉴定人应重点选取支撑其分析评断意见及鉴定结果的价值高的主要笔迹特征进行标识，并不需要将所有比对的特征字、特征点都进行标识。另外，为突出特征比对的价值和效果，应尽可能选择检材与样本中的相同单字相同部位的特征点，还应当保持特征比对表画面的整洁和标识的准确，避免特征标识符号杂乱、特征辨识不清。

三、笔迹鉴定文书规范表达的技巧与关键

（一）确立原则，提高标准

1. 确立程序规范原则。程序规范是规范的第一步，制作笔迹鉴定意见书的程序规范可以司法部印发的《司法鉴定文书格式》为规范来建立。根据《司法鉴定文书格式》的相关要求，制作司法鉴定意见书的规范性在结构上通常应体现共性基础的内容与要求，通常应包括委托鉴定的基本情况（如委托人、委托鉴定事项等）、涉案基本案情及证据的争议情况、资料摘要及检材样本具体情况、鉴定过程和检验发现、分析说明和综合评断、简洁

明确的鉴定意见、附件（包括特征比对表、检材样本复制件、鉴定机构与鉴定人执业资质等）等部分。由于鉴定是有时限要求的，因此鉴定文书中要明确且准确记载鉴定委托时间、受理时间、鉴定起止时间等信息。应简明扼要且客观准确地描述案件情况与证据争议焦点，切忌描述时出现对案件自我主观判断的先入为主，只对鉴定负责，不对案件本身持有任何态度。附件所附的各项资料应当完整、清晰。

2. 确立技术规范原则。技术规范是笔迹鉴定的保障，制作笔迹鉴定意见书可以根据《笔迹鉴定技术规范》（GB/T 37239—2018）来确立技术规范原则。笔迹鉴定意见书的技术规范，有如下四个方面需要落实。第一，严格按照《笔迹鉴定技术规范》规定的专业术语来使用，既不能随意改变专有术语更不能自创专业术语。如对笔迹类别的表述有正常笔迹、非正常笔迹、条件变化笔迹、伪装笔迹、摹仿笔迹等，对笔迹特征的描述有书写风貌、布局、写法、形体、结构、笔顺、运笔和笔痕等。第二，严格按规范和顺序执行检验的步骤方法，防止层次和逻辑混乱。检验鉴定首先是检材样本的分别检验，然后是二者的比较检验，在此基础上再对特征比较情况总体上的综合评断。第三，严格按照技术规范的要求制作特征比对表，以免关键部分反而成为摆设。笔迹特征比对表既可以运用符号、标识来标示，也可以使用文字说明进行说明。可以对鉴定文书物证的整体概貌比对，也可以是笔迹的单字比对，还可以是文书物证或单字的局部比对。使用符号、标识来进行特征标示的，应选取重点的、质量高的特征简明扼要地标示，保持整体的整洁与清晰，一般不用手绘标识来标示特征。第四，鉴定意见表述应明确、规范，语义清晰。鉴定意见应回应委托鉴定事项，其内容应与鉴定要求相呼应，鉴定意见用语应当客观、全面、简洁、准确，但表述的核心要素一般不能缺乏，其核心要素通常包括样本书写人情况、检材状态、鉴定意见的种类和结果等。

3. 确立规范表述原则。一份专业、规范的鉴定文书，不仅仅是专业术语的规范，也不仅仅是程序、结构的规范，真正说来，应该是在文书每个该有表述的地方都有，在每个该如何表述的地方都是规范、准确、简洁的表达，不多不少、处处刚好。只有这样，才真正是高质量的鉴定文书，是有益于庭审证据审查及适用的规范鉴定文书。鉴定文书规范表述具体体现在以下四个标准上：其一是鉴定意见准确无误，鉴定结果应当与案件客观事实的客观结果是一致的；其二是对检材笔迹的特征识别及认知准确，包括检材笔迹的形成方式，是手写还是打印或复印等形成，是否为正常书写笔迹，对多份检材字迹是否由同一人书写形成所做的判断准确无误；其三是全面、客观地对检材与样本笔迹特征进行了总体上的比较，对笔迹特征的符合点和差异点认知全面、价值评价准确，选取进行特征说明的字迹具有代表性，是体现特征的主要方面；其四是对检材与样本笔迹数量和质量上的符合特征和差异特征进行总体的综合评价，论证矛盾主要方面的本质性特征是符合还是差异，对非本质性特征进行合理解释或说明。

（二）详略得当，突出重点

笔迹鉴定意见书正文主要包括鉴定及案件基本情况、鉴定过程与分析评判、鉴定结果表述三大部分，各个部分应该根据其作用任务，在文字表述上详略得当、重点突出。其中，关于鉴定过程的检验发现与对特征的分析评判应该是笔迹鉴定意见书的重点，需要充分进行描述，针对检验过程要首先列明鉴定的技术规范等鉴定依据、拟采取的鉴定方法和仪器设备等，并充分体现检验的材料合法、检验的程序清楚、检验的内容仔细、检验的方法明确、检验的仪器设备规范、检验的步骤清晰、检验的记录完整，针对分析评判要体现依据的科学、评价的理由充分，代表性的字迹和笔迹特征个性化强，论证具有严谨性和充分的逻辑性，使人读下来条理清晰、行云流水、一目了然。对于笔迹鉴定意见书的鉴定及案件基本情况部分，描述时既要简明扼要又要准确完整，对于鉴定要求要规范且明确，对于鉴定材料要描述到唯一性，对于案情摘要则高度概括即可。鉴定结果的表述是笔迹鉴定意见书的全文追求，既要符合技术规范的表达，又要明确易懂，并且一定要与委托鉴定要求相呼应，不能首尾不顾。但实践中很多鉴定文书却与此相反，其在分析说明部分描述得比较简单，甚至对非本质特征的形成原因及对鉴定结果是否构成影响缺乏解释和说明，既背离了司法鉴定的科学性与严谨性，又可能因此程序的缺位而出现鉴定结果失真甚至错误。比如在一起案件中，鉴定人出具了检材字迹和样本字迹系同一人书写的鉴定意见，但在分析说明部分没有对差异点进行解释和说明，更没有排除摹仿笔迹，最终该鉴定意见书在法庭审理中被不予采信。可以说，这样的问题是鉴定实践中相对普遍也是比较突出的问题：一是认定同一时只着眼于特征符合点的数量和质量进行归纳和分析，忽略特征差异点的性质及形成原因的说明与解释；二是否定同一时只着眼于归纳分析体现否定矛盾的特征差异点数量和质量，不重视笔迹特征符合点的性质及形成原因的说明及解释。

程序的规范往往促进实体的正义，在肯定同一的分析表述中，差异点的性质及形成原因表述，能促使鉴定人去审视差异点的特征特性与价值，有助于鉴定人发现和识别伪装笔迹、摹仿笔迹等非正常笔迹；而在否定同一的分析表述中，对特征符合点的质量和价值考察，有助于鉴定人识别条件变化笔迹。总之，两种做法均有助于笔迹鉴定意见的准确及可靠。

（三）寻找共性，把握个性

笔迹鉴定实践中，大部分案件的委托鉴定要求都是笔迹的真伪鉴定，即检材字迹是否为某人书写或检材字迹与样本字迹是否为同一人书写，其鉴定的理论方法主要是同一认定原理。这类案件由于鉴定的原理、方法、步骤、检验过程等都存在较多共性，鉴定人为了提高鉴定效率，可以利用其中的共性举一反三，但也应该注意必须是发现并确定的共性，不能简单随意套用。但一份鉴定意见书的重点在其个性表述上，可以说，一百个案子就有一百种不同的个性化描述，鉴定文书的个性化描述不能脱离案件本身的具体情况，在此基础上，可以重点寻求以下突破。

1. 对涉案文书物证检材字迹的文书载体情况的描述，检材字迹是怎样形成的，检材字迹的书写速度、力度和书写者表现的书写控制力，在什么样的书写条件下书写形成，书写者生理、心理是否存在变化，检材字迹是不是伪装、摹仿的笔迹，等等。

2. 对用于比对检验的样本的来源、性质、种类与数量的描述，承载样本字迹的文书物质与形式，样本字迹是否类似检材字迹的形成方式，一般特征与个性化特征的表现情况等。

3. 对检验方法与检验所见现象的描述，其方法主要包括直接比对、显微比对、测量比对、重合比对、仪器/软件比对等，现象描述主要是对检材样本的特征进行寻找与确定。

4. 对分析评判的描述，主要是笔迹特征符合点、差异点的质量与分布，笔迹特征的稳定性与变化规律，即在不同的书写模式、书写条件下笔迹特征是否变化、如何变化等。

5. 对综合评断的描述，重点描述笔迹特征相对稳定性方面和易变化性方面的特征价值，对本质性特征数量、地位、作用和分布，以及在对结果评价的影响等方面着重解释，对非本质性特征在书写中是如何形成的进行分析解读，以及对这类特征对鉴定结果评价是否有影响、有什么样的影响等进行论证和说明。

（四）深入浅出，通俗易懂

鉴定意见书与文学作品不同，文学作品强调语言的技巧和表达的婉转、含蓄，但鉴定意见书的行文应类似行政公文，语言简洁明晰，核心部分内容描述又具有评论性文体的特点，用叙述、说明和论证等方式来表达。一份鉴定意见书如果鉴定的依据不科学，围绕意见形成的理由表达不充分，技术规范引用不恰当，现象结果之间的论证不充分，不但裁判者会对其持怀疑态度而难以采信，社会公众对这样的鉴定文书也会持否定态度而危害司法鉴定的公信力。鉴定文书的模板是对文书的格式、结构等的规范，但不是鉴定意见书内容的套搬，特别是正文的分析判断部分，应当根据个案不同进行深入浅出、充实准确的描述，并且还要注意在使用规范术语的基础上确保通俗易懂。

1. 鉴定意见书体现说理充分，表现在将鉴定人如何根据鉴定现象找出特征规律并准确把握主要矛盾方面辩证分析得出鉴定结果的整个过程，逻辑清楚、结构清晰、用语规范、翔实可信地表述出来，用有理有据、规范清晰的整体文书呈现来展示鉴定程序的合法与结果的公正。

2. 鉴定意见书说理充分不是堆砌、重复，论证时需要逻辑性强，说清楚、说透彻。严密的论证也要求不能遗漏重要的检验发现，检材检验、样本分析、二者比较，综合评断每个阶段和过程都要层次分明、翔实全面，不能只盯着体裁的形式规范，要把关键的、影响程序及结果的要素都完整呈现。

（五）恰如其分，语无歧义

笔迹鉴定意见是诉讼法规定的八大证据之一，主要用来解决诉讼中涉及的文书物证上的笔迹争议事项。证据用来解决争议、查明事实，则其本身要求明确可靠，证据本身的描述和表达应当精准，对于笔迹鉴定意见来说，就要求其准确表达鉴定人所做出的专业判断，不能含混不清、引起歧义。笔迹鉴定意见书由鉴定人完成并出具，因此鉴定人在制作鉴定文书时，应当重点关注语言逻辑，且用词用语应当表达准确，意思表达贴切，不能模拟两可，不能虎头蛇尾，更不能前后矛盾。鉴定文书的用语也应当遵循专业化、规范化，非特殊表达需要，不能使用口头语言或方言土语。鉴定文书用语的另一个关键就是准确，鉴定人在对鉴定现象进行描述，以及对鉴定评断进行表达时，应明确、清晰、准确，不能有无不分、是非混淆。鉴定文书通篇应当严谨、表达恰当，无须渲染抒情，无须修饰加工，按照专业术语遣词造句，全文做到庄重质朴、朴实无华。尤其在笔迹鉴定文书的鉴定结果部分，即笔迹鉴定意见的表述部分，这是整个文书的核心表达，是该次鉴定的证据及证明的核心所在，是笔迹鉴定的目的和法庭、当事人共同关注的目标，更应当言简意赅而又专业规范，表达准确、意思明确。笔迹鉴定意见分为确定性意见、非确定性意见和无法判断三类九种，并非每种鉴定意见都能让所有非专业人员准确理解，因此鉴定文书中笔迹鉴定意见部分的表述，应当客观准确、专业规范、简明扼要。

1. 有样本字迹书写人是否明确的鉴定意见表述。如果样本字迹有明确的书写人，鉴定意见可直接表述为"检材字迹是（或不是）某人所写"。如样本字迹不能明确书写人甚至样本字迹并非直接手写形成，鉴定意见应表述为"检材字迹与样本字迹是（或不是）出自同一人的笔迹"。

2. 检材非原件或其状态不明的，笔迹鉴定意见应表述为"是（或不是）出自同一人的笔迹"，不能出现"检材字迹与样本字迹一致（或不一致）"这样的鉴定意见。

3. 对于非确定性鉴定意见，鉴定人应根据检验鉴定的评判结果合理选择，严格按照技术规范的要求来表述，不能使用"不能排除……""不能认定……"存在歧义或容易产生混淆的鉴定意见表述。

4. 鉴定结果为无法判断时，其鉴定意见直接表述为"无法判断是否同一人书写"或"无法判断是否出自同一人笔迹"。

第三节　笔迹鉴定意见的应用与质证

俄罗斯笔迹学家祖耶夫·因萨罗夫（Зуев Инсаров）说："笔迹可以描绘出写字人本身。只不过它是隐藏形式的，好像一张已经曝光还没有显影的胶片，只剩下使用显影液了。"[①] 笔迹鉴定的任务，就是要冲洗出这种特殊的胶片、正片，透过现象认清本质。笔迹是一个信息载体，承载着有关书写个体和文字内容等丰富的信息。第一，笔迹可以反映书写人特有的书写活动相关的书写技能和动作习惯等；第二，笔迹能通过书写形态等特征反映出书写工具的信息；第三，笔迹还能在一定程度上反映出书写人的社会文化信息，比如书写人在书写时的大脑潜意识和生理、心理状态。可以说，笔迹是一个多信息综合体，值得人们深入研究和开发利用。

一、笔迹鉴定的应用

诉讼证明从神证到物证是科学技术和法治共同进步的结果，笔迹鉴定

[①] 海风.笔迹与人的性格[J].发明与革新,2019(8):21.

在法庭审理时对查明案件事实作用突出，其作为一种科学的鉴定方法，很早就在普通法系的国家和地区的法庭适用并得到法庭认可。正如托马斯·瓦斯特里克（Thomas W. Vastrick）在 2004 年评论文件鉴定意见证据的可采性问题时所指出的那样，笔迹鉴定在美国司法案件中的应用历史接近150 年，至少在上千例案件中作为证据发挥着证明作用，是一种少有的既在警察执法领域中应用又在解决民事纠纷中应用的方法 ①。络恩·豪斯（Loene M.Howes）等 ② 指出，鉴定报告的用途主要是警务实践和法庭审判。"站在 20 世纪末思考证据法的未来，很大程度上就是要探讨正在演进的事实的认定的科学化的问题"。相较于传统的法庭事实认定，现代科技的发展不只是丰富了人们认识社会的途径，而且为法庭认定事实提供了更多的方法手段，"人类普遍的认识能力"已经不能赶上法庭上呈现的日益复杂的各类法律程序的背景信息，唯有寻求科技手段的介入和帮助，方能使这些信息得到澄清和证明。

（一）笔迹鉴定在刑事诉讼活动领域中的作用主要体现

1. 通过对涉案检材和收集的样本进行书写动作习惯特征分析判断后的同一认定，鉴别涉案检材字迹是否为所收集的样本的书写者书写形成，以此来认定或排除涉案者的犯罪嫌疑。

2. 通过对涉案笔迹的书写水平、文字用语等特征进行分析，推断书写

---

① THOMAS W VASTRICK. Admissibility lssues in forensic document examination[J]. Journal of American Society of Questioned Document Examiners, 2004(7):37-47.

② LOENE M HOWES, K PAUL KIRKBRIDE, SALLY F KELTY, ET AL.The readability of expert reports for non -scientist report-users: reports of forensic comparison of class[J]. Forensic Science International, 2014(236):54-66.

者的个体人身特征（包括文化程度、职业、年龄、性格等），进而为划定侦查范围提供侦查线索。

3. 通过分析涉案笔迹细节特征的变化和墨水纸张的异常，鉴别伪造文书。

4. 根据笔迹与人的心理之间的联系，通过分析犯罪嫌疑人笔迹来了解其心理气质方面的弱点，在讯问中择机采取心理战术，突破其心理防线或促使其自我暴露，从而帮助侦破案件。

（二）笔迹鉴定在民事诉讼活动领域中作用的主要体现

《民诉法》第七十六条规定："当事人可以就查明事实的专门性问题向人民法院申请鉴定。当事人申请鉴定的，由双方当事人协商确定具备资格的鉴定人；协商不成的，由人民法院指定。当事人未申请鉴定，人民法院对专门性问题认为需要鉴定的，应当委托具备资格的鉴定人进行鉴定。"由此规定可以得知，民事诉讼中出现文书物证笔迹争议或异议等纠纷时，当事人为了查明事实，并完成举证责任，需要向法院申请笔迹鉴定。另外，法院在审理案件中，发现有笔迹存疑的文书物证，为了查明事实，公正且客观地裁判，也会提起笔迹鉴定申请。

因此，笔迹鉴定在民事诉讼活动领域中的作用主要体现在：一是弥补法官专门知识和经验的不足，帮助法官通过准确判断涉案的专门性问题而查清案件事实；二是利用笔迹鉴定对涉案其他证据的证明功能来帮助法官审查证据材料的真伪；三是帮助涉案当事人在面临举证不能或举证不利时得到法律救济，完成其证明责任，从而得以澄清事实、正确分担责任。

此外，笔迹鉴定在仲裁、公证等活动领域中，也起到识别证据、查清事实，帮助裁判者或公证人员正确认定事实，并实现公平、公正、合理开展司法活动的目的，从而化解矛盾纠纷，促进社会和谐，推动法治进步。

二、域外笔迹鉴定鉴真

从质量保证的角度看，笔迹鉴定人、笔迹鉴定方法以及对结果的解释和意见始终是关键的控制环节[1]。

书证鉴真方法在宏观体系上又分三大类：其一是自我鉴真方法，依文书中的若干要素事项证明自身的形式真实；其二是免于鉴真的方法，如当事人自认或某种证据协议；其三是旁证鉴真方法，即运用其他外在证据证明书证的形式真实[2]。

因为形成和作用等因素不同，诉讼实践中的私文书与公文书除了获得当事人自认外，一般都需要通过旁证来鉴真。旁证（extra-evidence），顾名思义就是指是指本证以外的其他相关证据。对签名或者笔迹（含印章）进行确认或比对，是目前世界各国司法实践中鉴定私文书形式真实最常用的方法。两大法系的各个国家，在诉讼制度法或法庭审理中基本上都将笔迹鉴定作为文书形式真实的证明方法。如美国《联邦证据规则》901（b）（2）（3）、《加利福尼亚州证据法典》第1415条至1418条、《德意志联邦共和国民事诉讼法》第440条至442条、《法国新民事诉讼法典》第287条至298条等，都对笔迹鉴定（包括签名、手印、印章等鉴定）等鉴真文书形式做出

---

① LI CHI-KEUNG, WONG YIU-CHUNG. Implementation of quality assurance system to enhance reliability in Chinese Handwriting Examination [J]. Accreditation and Quality Assurance, 2014（19）：159-167.

② 邱爱民.论文书证据的形式真实及其证明[J].扬州大学学报（人文社会科学版），2017（6）：26-31.

了相应的规定。

《美国联邦证据规则》第 702 条对鉴定意见的证据审查从四个方面进行了规定：（1）专家们呈现于法庭的科学知识、技术知识或者其他专门知识将会帮助事实审判者理解证据或者确定争议事实；（2）证言基于足够的事实或者数据；（3）证言是可靠的原理和方法的产物；（4）专家将这些原理和方法可靠地适用于案件的事实。其中所指的内容就是联邦证据规则对科学证据的相关性审查，也是科学证据的审查标准，第二、三、四条的内容系对科学证据的可靠性审查。证据的相关性是证据的根本属性，也是证据准入条件，因此《美国联邦证据规则》将证据相关性审查放在第一的重要位置。

三、我国笔迹鉴定意见的质证

在以审判为中心的诉讼改革中，证据能力成为庭审实质化对证据审查的重要内容，对笔迹鉴定意见的质证与采信也不例外。换句话说，在决定是否采信笔迹鉴定意见的法庭质证中，其对证据的审查倒逼笔迹鉴定意见必须满足证据能力的要求 ① 。

笔迹鉴定意见的形成与庭审的适用应该建立起直接的联系，但现实是鉴定人基本上都没有直接参与整个诉讼过程。这种情况突出表现在刑事案件中，由于笔迹鉴定意见通常都是在侦查阶段形成并运用的，而且一旦形成后基本都作为证据在诉讼各个环节直接适用，很少有人或有机会提出质疑。

那么，鉴定意见在庭审中是否采信、有何反馈，基本上鉴定机构与鉴

---

① 贾治辉,管胜男.笔迹鉴定意见采信实证研究[J].证据科学,2018(3):312-329.

定人都是不得而知的。而与此同时，鉴定机构和鉴定人也并不关心其所做出的笔迹鉴定意见是否被采信，相当于其既没有也并不想去关心"用户体验"，这一情况带来的实际问题就是，一方面，每年都有一些鉴定机构和鉴定人接受或被移送重新鉴定，缺乏鉴定采信与否的反馈直接影响了诉讼效率与鉴定情报信息的完整性；另一方面，这种鉴定结果的出具者和应用者的脱节，也弱化了鉴定机构与鉴定人对鉴定活动的价值判断与经验总结。二者之间即使缺乏直接沟通衔接，但在法庭审理后，一般将笔迹鉴定意见的证据使用与作用发挥等情况在裁判文书中体现，不同的法官所制定的裁判文书对笔迹鉴定意见的引用与表达方式各有千秋，一方面，其反映了笔迹鉴定意见在庭审中发挥的作用，以及对案件事实的查明和法官审理的帮助；另一方面，鉴定机构与鉴定人可通过这些裁判文书去收集和了解笔迹鉴定意见在诉讼活动中存在的问题，以及寻找如何改进、如何发展的方向等。

（一）笔迹鉴定意见的认证模式

关于鉴定意见的认证，法律有据可循，《最高人民法院关于民事诉讼证据的若干规定》第三十条规定，人民法院在审理案件过程中认为待证事实需要通过鉴定意见证明的，应当向当事人释明，并指定提出鉴定申请的期间。这里面除了一个前提系人民法院委托而出，另一个问题是对"足以反驳的相反证据和理由"应该如何理解适用并没有详细规定。因此，诉讼实践中缺乏鉴定专业知识的法官、律师和当事人对此基本上都只能从程序上去寻找理由来提出对鉴定意见的抗辩。并且，哪怕是有专业技术和知识的人对鉴定意见提出了专业意见，很多时候法官也不会采纳，除非法官自己有把握识别的程序确实存在问题，否则其很难启动重新鉴定或做出与原鉴定意见不同的裁判结果。司法实践中，实体上对鉴定意见的质证、认证，与理论上关于鉴定意见质证和认证的研究，目前还分割得比较明显。此外，法院往往将倾向性鉴定意见等同于确定性鉴定意见均予以采信，鉴定意见的质证、认证并没有发挥其应有的作用。

针对司法鉴定意见在法庭的功能体现及作用呈现，研究认为应对鉴定意见采取"两步认证"的认证模式，实际也是参照证据的证据能力和证明力的法庭审查，审理法官对鉴定意见的审查认证分为采纳和采信两个阶段：第一步对鉴定意见是否应该采纳进行审查，就是对其证据能力的审查，或者说认定鉴定意见是否具有证据资格；第二步对鉴定意见是否应该采信进行审查，就是审查鉴定意见的证明力，确认其真实可靠性，或者说就是考察鉴定意见对案件事实的证明力，该鉴定意见是否能够成为定案的充分根据。如前所述，理论研究的理想化往往与现实的操作存在难以逾越的障碍，人们虽然希望通过规范来确保笔迹鉴定意见能够发挥有效的庭审查明的证据作用，但逻辑的悖论或现实的矛盾就是，判断及决定笔迹鉴定意见是否正确及是否采纳的事实认定者，基本上都是缺乏笔迹鉴定专门技术或知识的非专业者，由非专业者面对陌生的笔迹鉴定意见，又陌生地听取鉴定意见的质证，最终的结果只会是鉴定意见认证的形同虚设。为此，又有研究者提出应当采取程序性认证与科学性认证的法庭对鉴定意见的双认证模式。

这类"双认证模式"的第一步是程序性认证，认证的主要内容是由法官重点认证鉴定意见是否具备合法的证据资格，具体包括：鉴定材料涉及的鉴定程序是否合法，包括鉴定材料的受理、收取、保全和流转等；鉴定资质程序是否合法，包括鉴定机构、鉴定人是否具备资质与鉴定人是否按要求回避等；鉴定意见书的形成和形式是否程序合法等，比如鉴定意见书的形式规范性等。认证的方式主要有两种，即书面审查或庭审质证，认证过程由审理法官主导完成，认证的依据是诉讼法以及司法鉴定相关的法律、法规，认证的目的是查明鉴定意见是否存在程序性违法事实，或者是否违背了法律、法规对司法鉴定程序正当的要求。第二步是鉴定意见的科学性认证，由于涉及专门技术及知识，此认证应当聘请专家参与。其具体做法可以是法庭聘请专家辅助人、技术顾问等方式来进行，或者说也可以由当事人聘请专家辅助人来参与推进。参与的专家应该是在笔迹鉴定领域具有专业知识的人，以验证笔迹鉴定意见的科学性为目的，在针对涉案证据的笔迹鉴定意见发表是否具备证据科学性，以及是否对涉案事实具有证明作用、具有何种证明作用的专业意见后，最终形成供法官查明事实的参考性建议，帮助法官在专业问题上准确做出事实认定。这种认证模式的特点在于，专家辅助人或者技术顾问并非提出原鉴定意见以外的新证据，而是在中立的角度或纯技术的角度对原鉴定意见的证据效力主要是证明力提出质询意见，将原鉴定意见的科学性与正当性以专家建议的方式呈现给法官或法庭。值得注意的是，这里说的专家辅助人或技术顾问发表的意见或建议，不属于法定证据，甚至不属于证据，仅仅用于帮助法官认识专门性问题。

（二）笔迹鉴定意见的质证方法

1. 交叉询问法。这种方法是庭审中控辩双方或当事双方对鉴定意见进行交叉询问，通过询问而查明笔迹鉴定真实性的过程。这种方法的好处就是，持有不同甚至完全相反的鉴定意见的双方，在法庭上可各自充分陈述其鉴定意见所主张的结果及理由，从而使法官在双方对该鉴定意见的原理、依据、方法、过程等矛盾的争议中发现问题，形成认识并确立心证。

相对于美国一些学者对笔迹鉴定的质疑，我国的司法实践相对较少有人对笔迹鉴定的科学性存在质疑，可以说，笔迹鉴定已经是我国法庭审理案件查明事实非常重要的手段，而且笔迹鉴定意见书的证据效力得到高度推崇，往往一份笔迹鉴定意见书可能直接影响到案件的审理结果。但是，客观地说，笔迹鉴定意见并非无可置疑，它具有自身矛盾统一，也辩证对立的两个方面：一方面，笔迹鉴定建立在对客观形成的字迹形态利用客观的原理、技术、方法进行识别和鉴定，具有客观性；另一方面，毕竟笔迹鉴定意见，即笔迹鉴定的结果是鉴定人对客观的变化现象运用主观思维进行的主观认知和主观分析判定，其亦属于一种主观性认知活动是无可争议的事实。

俗话说"琴不弹不响，理不辩不明"，交叉询问对于笔迹鉴定意见的质证，还在于笔迹鉴定属于特定的专业知识，相对于鉴定人的专业与法官、当事人的不够专业，鉴定意见是否涉及案件关键事实、涉及案件哪方面关键事实，如何通过这一关键事实的判定来影响案件全部或部分事实的查明，一系列需要庭审查明并由审理法官做出判断的事由，只有在涉案对立的双方通过彼此发文、质疑，才能促进涉案事实越辩越明，从而可以将鉴定意见要揭示或证明的事实最大限度地呈现于法庭，最终保证法官的自由裁量基于采信笔迹鉴定意见的科学性、公正性而取得了准确的事实认定。

2. 确立证据补强来延伸鉴真。在理论界、实务界以及法庭均确认笔迹鉴定证据科学性的前提下，并没有统计学上的资料或出现哪个定理或公式来直接正面证明仅凭笔迹鉴定就可以证明全案事实。世界各国刑事理论界和司法实践界，对这个问题也是争议不断但从未有一个统一的令人信服的结论。

笔迹鉴定意见的证据科学性问题虽基本得到理论实务界承认，但鉴定结果是否都是科学的，以及是否每份鉴定意见书所证明的某个关联事实都是科学的，都还存在一定的合理质疑。庭审质证的交叉询问是笔迹鉴定意见质证的一种方式，但如前所述，质证的意见均是专业表达，对于裁判者来说，除非是明显的纰漏或违背自然科学原理，否则其仍然不知左右、难以取舍。加之鉴定人亦并非愿意承认自己的结果存在偏差甚至错误，而专家辅助人的水平也参差不齐，并非足够专业到能直接还原客观事实，故这种质证也不会每次都能达到人们所希冀的那般解决笔迹鉴定意见的证明力问题。

笔迹鉴定证据属于间接证据，在其证明力上，最科学且合理的方式就是将其与其他证据结合，利用笔迹鉴定指向的案件事实和其他证据对此事实的补强，来达到有效证明案件事实的目的。对于笔迹鉴定证据而言，补强规则通常以一种例外情形出现在法官自由判断证据原则的过程中，其通过补强证据来实现鉴真的理由有：其一，笔迹鉴定意见科学性尚存有一定的质疑，如果诉讼中存疑的证据没有得到补强，这种怀疑就可能蔓延到司法裁判本身是否公正、准确的问题上去；其二，笔迹鉴定的专业性较强，基本上大部分法官都处于无法正确认知的状况中，如果没有笔迹鉴定意见的证据补强规则，没有专业知识的法官很可能会过分依赖笔迹鉴定意见，甚至以鉴代审直接让笔迹鉴定意见主导的事实成为其的判决结果，这就违背了笔迹鉴定意见证据的认证鉴真以及缺失了法庭对笔迹鉴定意见的审查纠正作用。

5

第五章
几种典型笔迹鉴定的
技术性评析

研究发现，笔迹是每一位书写个体人文内涵的综合外化，是一种文化现象，凝聚着书写个体的审美情趣，反映了书写个体的性格特点。有学者认为，笔迹鉴定的三要素就是笔迹的"形、力、神"，任何人的笔迹都是此三要素的综合体现。"形"与"力"的协调、匹配，决定了该组书写笔迹的节奏感和鲜活感①。鉴定人不断提高书写笔迹识别的能力，就能够精确地做出正确的鉴定结果。

---

① 陈雷,陈明春."形、力、神"——签名笔迹鉴定三要素[J].中国刑警学院学报,2012(4):50-53.

第一节　一般伪装笔迹的鉴定解析

随着社会的进步，人们相互之间的交流往来日益紧密，特别是在经济贸易方面，相互接洽更加频繁。然而，交流互动虽然是积极的，但却总有别有用心者为了追求个人利益或逃避、转移责任，而做出一些违法犯罪的事情来。于是，在经济与贸易往来中，就会有人通过伪装借条、收据和合同等文书上的笔迹来达到获取经济利益的非法目的[①]。在科技水平和人们认知水平较低的过去，伪装笔迹的手法较现在简单且程度轻，相对容易被鉴定人识别并区分。随着社会的发展，科技水平不断提高，以及人们社会阅历的不断丰富，伪装笔迹的手段和方法也在不断提高，呈现辨识较难、鉴定复杂困难等趋势，对笔迹鉴定的理论与实践都带来了新的挑战。

一、伪装笔迹概述

伪装笔迹是一种非正常笔迹，它是指书写者出于掩盖正常书写的目的

---

① 刘斐斐.伪装笔迹鉴定的科学性探讨[J].法制与社会,2015,2(下):266-267.

而刻意加以意志和注意的控制，从而使已有的书写动作习惯得以改变而得到的一种变化后的笔迹。书写活动是意识与运动结合的结果，由于意识属于复杂的神经系统活动，因此，一方面书写活动受到各种影响而不具备精确可重复性，另一方面书写活动存在随意性，会影响书写字迹的稳定性表现，这使伪装书写成为现实可能。

伪装笔迹通常表现为三种类型。第一类是一般伪装笔迹。这类笔迹的伪装没有改变书写条件，系伪装书写人通过主动施加注意改变自己的书写习惯而引起笔迹特征的改变，从而隐藏自己的真实笔迹并企图不被识别，通常有改变字体字形的形态伪装或改变书写速度的动作伪装等。第二类是借助书写运动器官的变化来伪装笔迹。这类笔迹的伪装本质是通过改变书写动作来达到笔迹特征变化的目的，通常的做法有使用左手书写、高位执笔书写，或使用牙齿咬住、手指夹住书写工具等方式书写等。第三类是摹仿笔迹。这类笔迹伪装程度高、识别难度大，通常是书写者刻意且有备而为，包括临摹、套摹、练习摹仿等。尤其是练习摹仿，更甚者是签名字迹的练习摹仿，这种伪装笔迹形成后，往往与正常笔迹差别较小，若非具有较高的鉴定能力和专业水平的鉴定人很难认定，很容易出现鉴定错误。

为了使各种笔迹伪装达到以假乱真的效果，违法犯罪者纷纷穷尽各种办法，实践中也确实有很多十分逼真的伪装笔迹，给鉴定带来很大难度。伪装笔迹经过刻意改变，与书写人原有的笔迹形态及结构方面的差别较大，但书写动作仍然是书写人自身完成的，在一定条件或某些特定情况下，其固有的书写习惯就会表现出来，反映出个体书写的特定性、稳定性、反映性。从心理学的角度，伪装笔迹是书写者打破过去定型的书写自动化锁链反应系统，通过意志与注意主动控制建立起临时条件反射而建立起新的书写动作系统。但是，书写动力定型不是短时间就能形成的，是长时间习得且根深蒂固于书写个体的动作自动化，短时间很难改变，而且笔迹伪装时的书写意志力临时控制也是有限的，书写人的意志力很容易分散而回到原有的自动化书写。鉴定伪装笔迹时，鉴定人要掌握条件变化后的笔迹特征识别技巧，并在变化中寻找重复出现的独特性特征以及习惯性书写表现的固有稳定特征，最终达到笔迹鉴真的目的。

二、伪装笔迹的特点

伪装笔迹，根据其伪装的方法以及伪装后的结果呈现，表现出相应的特点，除了不同伪装手法有不同个性化特点外，总体上还表现有以下共性特点。

（一）伪装笔迹是书写人意志与注意控制的临时书写动作系统，基本不会反映伪装书写人原有的书写习惯

这种临时建立的动作锁链反应系统，与书写人固有书写动作习惯的自动化系统临时变化是不同的，这种临时性变化建立的临时动作锁链反应系统与长时间练习之间的书写动作习惯的稳定性相比，没有办法表现出书写动作固有的习惯特征，除非伪装笔迹书写者经过长时间练习摹仿有一定低层次且缺乏变化的稳定性，这种个体固有书写动作习惯只能个体固有呈现。俗话说，"冰冻三尺非一日之寒"，这种固有的书写动作习惯养成源自书写个体长时间训练习得，是一种稳定的书写动作自动化锁链反应系统，所以伪装书写动作打破原来已经固定的动作平衡，就很难反映书写者原有动作习惯。伪装笔迹书写人故意改变书写动作习惯，处于伪装笔迹状态的书写字迹就无法反映书写者原本的书写动作习惯。

（二）伪装笔迹在特定条件下会局部反映书写人的动作习惯

书写动力定型一旦形成且长期重复，就基本固定了书写人的书写动作习惯，因此，伪装书写人希望完全掩盖自己原有的书写习惯是不现实的。从心理学的角度看，人的注意力是有限度的，当伪装书写者的伪装注意力分散时其原有的书写习惯就会自然表现出来。因此，伪装笔迹中既有伪装书写形成的伪装笔迹，也有伪装注意力分散时其书写控制力降低而书写形成的正常笔迹。比如，行为人使用左手书写或者利用改变书写速度、书写字体等方法去伪装书写，这种伪装虽然能够打破原有的书写动作习惯，但书写注意力的局限仍会使书写人的一部分正常书写动作得以体现。但是，对于练习摹仿的伪装笔迹，由于其长时间练习而具有较高的伪装程度，书写人针对特定内容原有的书写动作习惯几乎全部重建，这种情况下的伪装笔迹几乎不能反映书写人的正常书写动作。

（三）伪装笔迹如未被识别，则很容易作为正常笔迹进行鉴定而导致鉴定结果的错误

伪装笔迹的水平及程度有高有低，并不是都能一眼识别。伪装水平低的笔迹因为笔迹特征变化少或变化明显异于常规，能一眼识别，但是这类伪装笔迹如今已经基本见不到了。随着科学技术的发展，书写人的伪装笔迹手段和水平也在不断提高，往往能做到十分逼真而且很难被识别、认定，很大程度上给鉴定增加了难度。鉴定人如果缺乏足够的专业能力水平，鉴定中不认真细致，往往会很容易被伪装者迷惑，不能识别这种伪装而将伪装笔迹作为正常笔迹来机械比对，也会由此而建立错误的笔迹特征与书写规律，最终导致错误的鉴定结果。尤其是长时间练习摹仿的书写

者，或者书写水平较高的伪装者练习摹仿后伪装书写的字迹，与特定摹仿的笔迹书写相似度非常高，若非鉴定人具有足够的笔迹鉴定专业能力和水平，很难将其识别与鉴定。当然，这种摹仿笔迹也是有原型的，另外，这种摹仿笔迹多次出现却缺少变化，与正常书写的多样性明显矛盾，这是在鉴定摹仿笔迹中应当特别关注的问题，此问题在后文中将专门探讨。

三、伪装笔迹鉴定的科学性与鉴定要点

（一）伪装笔迹鉴定的科学性

事物总是矛盾的对立统一体，伪装笔迹鉴定的科学性，首先遇到的问题是伪装笔迹很难反映书写人固有的书写动作习惯，与我们研究笔迹鉴定要认识书写人的书写动作规律相矛盾。但与此同时，这种笔迹伪装的结果有一种非常规、非正常的书写笔迹特征呈现，其本身的异常之处，就是鉴定的依据和科学基础。实践中，要科学完成这类鉴定，涉及如何判断检材的鉴定条件，如何认识伪装笔迹的特征和规律，使伪装笔迹鉴定意见更科学可靠等问题。

伪装笔迹书写人故意改变书写动作系统，从而掩盖原有的书写动作习惯。书写人的书写动作习惯在伪装程度较轻时尚可局部反映出伪装者的原有动作习惯，但伪装程度较高时，其书写动作习惯几乎完全得不到反映。但是，笔迹鉴定不仅仅是涉及笔迹特征这一质的问题，量也是笔迹鉴定最基本和最重要的条件。很明显，伪装笔迹鉴定在质的要求方面是有欠缺的，因而鉴定实践中鉴定人就会增加一定数量的伪装笔迹的字数来确保伪装笔迹鉴定的科学性。笔迹鉴定是经验科学，凭借单一一个书写动作习惯

特征是不能实现鉴定目标的，只有在书写习惯特征呈现的总和达到了足以稳定并充分地反映了某个书写人个性化集合认定的情况下，才能做出书写人的认定或否定。在主要以数量来对书写人个性化集合进行考量时，书写动作习惯集合体越大则对书写者个体习惯反映的成分相对越多，那么，这种书写动作习惯被重复的可能性就越小，个性化程度就越高，就能够满足笔迹鉴定同一认定的需要；相反，书写动作习惯集合体越小则对书写者个体习惯反映的成分相对越少，那么，这种书写动作习惯被重复的可能性就越大，个性化程度就越低，就很难满足笔迹鉴定同一认定的需要。由此可知，伪装笔迹鉴定是有条件限制的，伪装笔迹检材是否具备鉴定条件，要看笔迹的伪装程度及检材的数量两个条件。如果伪装程度较高且检材笔迹数量少，则不具备鉴定条件，无法做出科学可靠的笔迹鉴定意见；如果伪装程度较轻且检材字迹数量充分，则具备鉴定条件，并且据此形成的鉴定意见具有较强的科学性。

书写人原有的书写动作习惯在伪装笔迹特征缺乏质的基本要求的情况下，能够通过一定数量字迹的伪装笔迹特征反映出来，其科学性的理由就在于：一方面，书写习惯的锁链性和系统性是复杂的、相对稳定的，一般伪装书写动作很难完全改变个体的书写习惯。书写习惯是书写人的书写动力定型，它经历了书写人的长期练习才能习得，这种定型就是人的大脑和人的机体及书写运动器官建立了固有稳定的神经链接，当外界传入书写信号**刺激**时，书写者的大脑接收到信号就会自动连锁反应到书写运动器官，从而带动机体习惯性地、下意识地再现已经内化了的经验规律性的书写动作。而伪装书写，就是要打破这种原有的自动化系统，建立起新的不同于原有书写习惯的书写动作系统来实现其伪装的目的。然而，如前所述，这种链接是书写人长时间习得的、稳定的链接系统，书写人可以实现短时间内的部分改变，但不可能完全改变或破坏，一旦书写的量增加、时间变长，原有的书写动作习惯在一定程度上就会自然流露出来。另外，伪装书写人受到注意力或意志的局限性影响，伪装书写中原有书写动作习惯的呈现是必然的。人在正常情况下的书写动作习惯是自然完成的，无须意志控制或支配。伪装书写则是书写人意志控制的注意力改变，但意志能动作用的局限性，使得伪装书写人面对非常精密、复杂的书写活动时顾此失彼，根本无法全面、彻底地改变自己的书写习惯及表现规律。伪装书写时，书写人必须时刻注意改变并完成每个细小的书写动作，但随着书写字迹的增加，其注意力的分配和意志的控制力会越来越弱，最终回归到书写人原有的书写动作习惯而呈现其自身的书写特征。

综上所述，伪装笔迹鉴定的就是书写习惯特征，伪装笔迹的鉴定是建立在书写人书写习惯的稳定性与反映性的基础之上的。其反映性主要利用了笔迹特征质和量的矛盾统一，伪装笔迹主要是改变笔迹特征，故可供检验的特征质的方面是比较差的，但是量变会引起质变，伪装书写时书写的字数越多，或者书写的字迹结构形态越复杂，则其固有的书写习惯在这种量变中得到反映的可能性就越大。而且，越是形态结构复杂的汉字越要求书写动作的精细化，伪装者有限的意志或注意力控制会因为这些因素的影响而降低，使原有的书写动作习惯呈现出来。这既是鉴定的科学性，也是鉴定的方法和技巧。在进行伪装笔迹鉴定时，就要寻找尽可能多的书写字迹以及寻找尽可能复杂的伪装书写汉字，从中把握伪装书写人的固有书写动作规律和动作习惯。

（二）伪装笔迹鉴定要点

对伪装笔迹进行检验识别时，一般应首先根据案情和检材笔迹的特点，来准确地判断是否为正常笔迹，如系伪装笔迹，则要识别笔迹特征的变化或伪装的特点，并要判别这些变化或伪装的原因与程度。正常笔迹基本上都会反映出笔迹书写的熟练程度一致，书写者的书写水平与汉语水平相匹配，运笔自然，笔画间搭配比例协调，书写动作规律性强。如检材笔迹的大小与斜度不均匀、书写速度不一致、运笔不自然、笔画转折生硬，但书写动作有一定体系，相同的单字、笔画特征基本一致，这种情况往往是受到某些客观因素或除伪装以外的其他主观因素影响形成的变化笔迹。但如检材笔迹的书写整体熟练程度不一致，书写动作不稳定或不成系统，笔画出现弯曲、断续等非正常笔画，且中途停顿、修描，此外还出现字的结构与形态异常、空间布局凌乱，书写水平与所书写的字迹反映出的汉语水平不匹配，这样的情形一般可判定为伪装笔迹。

《笔迹鉴定技术规范》（GB/T37239—2018）指出了伪装笔迹检验的技术要点，即书写人故意放慢书写速度的识别、书写人强行加快书写速度的识别、书写人故意改变单字的写法/结构/字体/字形/笔顺/运笔等的识别、书写人故意采用非习惯用手（常为左手）进行伪装书写的识别、书写人故意采用直尺画写或喷涂等非常用书写工具和书写方式进行伪装书写的识别、书写人混合采用以上方法或故意采用其他特殊方法进行伪装书写等的识别。严格来说，本规范的表述并没有解决伪装笔迹的检验技术问题，只是归纳了六种类型的伪装手段，但在鉴定实践中，鉴定人可以举一反三，根据这六种伪装手段去寻找相应改变后的笔迹特征，从而达到鉴定的目的。伪装笔迹的目的，往往就是混淆书写、转移书写、导致书写无法识别及认定等几种，鉴定人需要根据案情具体判断笔迹伪装属于何种类型，然后对症下药，从而收集和制作样本，达到检验鉴定的最终目的。

第二节　摹仿笔迹的鉴定解析

正常的笔迹"形神兼备、其力内充"，而摹仿笔迹则往往是"形神相悖、力有未逮"。书写人正常书写的笔迹其整体性、连贯性，或者其书写字迹的组合形态、搭配比例、连笔方式、运笔形态和笔力分布都是具有很强的个性化的，是摹仿人的摹仿行为难以逾越的鸿沟。

一、摹仿笔迹的表现及类型

在近代中国早期鉴定实践中，已有显微镜检验技术对摹仿笔迹特别是套摹笔迹进行观察、识别及检验。例如，冯文尧的《刑事警察科学知识全书》详细论述了利用显微镜对摹仿笔迹进行观察检验："书法家虽可摹临他人之书法，招摇撞骗，然将真伪两种笔迹在显微镜下观察，则真伪立可判别。盖一人之运笔润墨，其字体自会流露于腕下笔端。而字体之方圆劲厚，非他人所可摹仿者，凡书法家摹写之字迹在形式上极其相似，然将其笔画逐一拆开，按其点、撇、横、捺比较，则可判别其差异……如犯人用铅笔将字形描下后再用墨水填写，则铅上墨色不匀直且成麦形点滴联合状。若犯人用复写纸方法将字形印下，再填上墨水，则墨水亦不匀直而成定形点滴联合状。"①

摹仿笔迹是摹仿者针对某种笔迹原型，通过学习训练而改变自有书写习惯并实现原型笔迹书写，从而达到伪造笔迹原型书写人笔迹的目的的笔迹。摹仿笔迹首先要改变自有书写动作，然后观摩笔迹原型，最后是学习训练而形成原型笔迹。摹仿笔迹对经济社会危害较大，摹仿者通过对相关经济类文书的伪造，破坏了交易平衡，谋取非法经济利益。因此，司法实践中对摹仿笔迹的鉴定需求很高，目的是为经济活动去伪存真，才能维护当事人的合法权益。

摹仿笔迹手段多样，伪装手法变化多端，按照摹仿手法可以分为以下三种主要类型。

（一）套摹与描摹

对于套摹与描摹，通俗来讲，就是"依葫芦画瓢"，即在原型笔迹上直接描画，从而实现笔迹摹仿的目的。具体来说，套摹是一种"透视法"摹仿，系将书写载体置于原型笔迹上方，利用透视的原型笔迹在书写载体上描画。描摹则是将书写载体置于原型笔迹下方，首先，用书写工具描画原型笔迹从而在书写载体上留下压痕，然后，在压痕上书写而形成摹仿笔迹。

（二）临摹

临摹是一种书法练习的最常用方式，是一种高级书写技能。这种摹仿是摹仿书写人通过观察原型笔迹，然后将感知后的笔迹形态从大脑中输

---

① 冯文尧.刑事警察科学知识全书［M］.上海：世界书局，1948：420.

出，引导控制书写运动器官而完成摹仿笔迹的书写。根据摹仿者花费时间与精力的不同，分为临时临摹与练习临摹。临时临摹就是摹仿人面对原型笔迹一次书写形成，练习临摹是摹仿人反复面对原型笔迹进行书写练习，由于习得经验的加强，这种摹仿笔迹相似度很高，鉴定难度大。

（三）记忆仿写

记忆仿写是摹仿人对原型笔迹进行分析理解后，转化成图形记忆，并进行脱离原型笔迹摹本的仿写练习。在书写摹仿笔迹时，完全凭记忆由大脑指挥书写运动器官来再现原型笔迹。记忆仿写有时也称"意摹"，书写水平较高的人采取这种摹仿方式，往往相似度很高，相对来说是目前鉴定难度最大的。

二、摹仿笔迹的分析与鉴定方法

摹仿笔迹鉴定难度大，同时对其有效的鉴定需求也很大，准确地鉴定摹仿笔迹，对息诉止讼具有十分重要的作用。摹仿笔迹识别难度大，鉴定人员常规鉴定路径很难取得良好鉴定效果，需要对现有的鉴定方法加以灵活、综合运用，以满足鉴定实践的需求[①]。

（一）对摹仿笔迹的合理分析

对笔迹鉴定的案情与委托鉴定的相关情况进行了解与分析，有助于鉴

---

① 王博玉，李诚，雷雨. 模仿签名笔迹在笔迹鉴定中的方法研究［J］. 法制博览，2018,7（上）:123-124.

定的顺利进行。对摹仿笔迹的鉴定更是如此，特别是一些高水平的摹仿笔迹，其本身和原型笔迹的差异很小，很难被察觉，更难被识别，而合理的案情分析可以帮助鉴定人建立起鉴定预知，从而更加精准地实现笔迹鉴定的目标。具体做法有：首先，了解争议案件的性质、内容、焦点等情况，了解涉案人员与争议的关系，寻找和判断笔迹摹仿的可能。结合各涉案当事人对案件的态度及对争议事项的反应，发现疑点；其次，对涉案事件及利害关系进行分析和了解，综合案件涉及的其他证据材料判断本案笔迹摹仿的动机、条件，以及摹仿笔迹出现后利益的倾向等，最终判断是否存在摹仿笔迹。

在具体的鉴定过程中，根据具体案情，对检材笔迹的合理判断可以从如下两方面入手。

1. 合理检验检材笔迹。首先，对检材笔迹进行形态检验，包括其排版布局、起落笔方式、运笔方向等。如果有多处检材字迹，则应对多处检材字迹之间进行对比，寻找其特征变化与关联。其次，对检材笔迹动力特征进行检验，包括书写速度、书写力度等，分析笔画书写的稳定性与特定性，判断其是否连贯、流畅，是否合理自然。

2. 合理判断检材笔迹的摹仿特征。首先，对典型摹仿笔迹特征进行寻找发现，如不自然的运笔和笔画中出现的生涩、缓慢、停顿、抖动、紊乱等不正常书写情况，也包括非正常呈现的笔痕、笔顺、排版布局等笔迹特征。其次，注意发现各种不合理的笔迹书写要素，比如不断变化的字体字形，不合理及不自然的字与字、字与笔画等的搭配关系，同一文书前后或上下相同字呈现的不同笔迹形态等，这些书写字迹呈现的要素一旦出现紊乱和不一致，往往摹仿的可能性就会很大。

（二）摹仿笔迹鉴定的一般方法

1. 分析检材笔迹进而正确识别摹仿。摹仿者对被摹仿者的字迹有一定的了解，因而摹仿的字迹与被摹仿者的字迹书写水平接近，字迹的形态接近以及笔顺的特征接近。鉴定摹仿笔迹，就是要将真实笔迹与伪造变造的笔迹区分开来，认定摹仿事实。

2. 正确把握特征，确定检材字迹的真伪。识别摹仿笔迹主要从以下几个方面着手。①书写字体，整体风貌。要观察笔迹的书写字体的风格是否一致。同时，书写人所写的笔画、偏旁、单字，不可能只是机械性重复，而应是具有多样性的。故观察笔迹的书写是否自然流畅，形散而神不散，而不只是单一的重复。②笔力特征的异同。笔力的轻重有特定的点位和段位及变化规律，其规律表现为：不连接笔画比连接笔画的笔力重，主笔画的笔力比副笔画的笔力重、比连接笔画的笔力轻重变化精细自然。③起笔、收笔、运笔、连笔、转折处的笔迹特征。起收笔、运笔、转折处的这些细节特征是最容易暴露摹仿事实的地方。摹仿人对被摹仿笔迹的感知是有限的，不可能面面俱到。④笔痕特征。笔痕是书写习惯和书写工具特点的综合反映。摹仿笔迹会出现压痕、条痕、划痕、色痕、墨痕等不一致反映。使用套摹手法的摹仿笔迹会留下较多的笔痕特征。

3. 适度了解案情，有利于正确认定检材笔迹的真伪。例如，了解笔迹书写人的年龄、文化程度、职业、知识结构以及书籍。

（三）摹仿笔迹的鉴定要点

摹仿是行为人摒弃自己习惯性的行为方式去比照和再现他人行为的一种活动，也可以说是个体自觉重复他人行为。摹仿笔迹是书写改变自己已经建立的书写动力定型，然后根据对他人笔迹的研习而希望以此建立与他人书写动作相同的书写动力定型，并因此而书写的字迹。摹仿笔迹鉴定要点主要表现在以下四个方面。

1. 书写动力定型系个体长期练习所得，并决定个体的书写习惯。

2. 书写习惯针对不同个体均有个别化的表现，它受个体生理结构、教育程度、书写练习情况、气质个性等综合影响。

3. 笔迹检验的客观物质基础——笔迹的反映性不因个体的意志转移而转移。

4. 笔迹的总体个性。书写的多样化和个性化与个体的书写习惯既有共性又有特性等因素综合决定了不同书写个体的笔迹特征既有符合点又有差异点，而整体上考察个体特征总和个性化呈现则各不相同。

三、摹仿笔迹鉴定的注意事项

（一）仔细识别笔迹特征

笔迹鉴定的检材一般都要求为原件，以便识别与分析字迹的形成条件和检验更多的细节特征，摹仿笔迹更要求送检材料为原件。对摹仿笔迹的检验，首先就要从连笔特征，即从起笔、行笔到收笔的书写活动中所表现出的点画、力度等形态特征进行仔细分析。对于检验发现的异常连笔特征，要根据异常所在部位的合理性分析其成因，要总体上检验检材字迹的书写水平与样本笔迹是否一致。如果检材字迹的书写水平明显超过或明显不如同时期的样本字迹的书写水平，那么很大程度上看检材字迹就是摹仿的。

（二）充分了解案情

对笔迹鉴定所涉案情的了解，并不会给鉴定人带来先入为主的意识，相反，更有利于鉴定人全面认识案件，发现异常。在摹仿笔迹的鉴定中，鉴定人要善于运用摹仿笔迹涉及案件的各类关联信息及可能隐含的鉴定条件，一方面验证检验初期对摹仿笔迹所做出的判断是否正确，另一方面通过对案情的分析和了解涉案当事人的笔迹摹仿动机及条件，在客观上论证是否存在笔迹摹仿的可能性。如果发现对笔迹摹仿的认定很牵强，笔迹摹仿条件、动机等很难合理解释，往往就揭示了鉴定人对摹仿笔迹判断可能不够准确，从而促使鉴定人重新审视、再次梳理，避免鉴定错误。

（三）重点考察细节特征

摹仿笔迹中，摹仿人容易注意对核心特征的摹仿，而忽视一些不明显的笔顺、运笔、搭配、比例、倾斜等方面的细节特征。或者说，摹仿笔迹的"形似而神不似"，也反映在这些笔迹细节特征的差异上，模仿人关注了整体的字体字形，但往往忽略那些不明显的细节。因此可以说，在检材样本笔迹的比对检验中，细节特征的符合与差异，是对检材字迹分析判断正误的又一次验证，从而确保鉴定结论更加科学、公正。

第三节　阿拉伯数字笔迹与日期笔迹的鉴定解析

　　笔迹鉴定的对象是涉案争议文书物证上的书写字迹，但其鉴定的客体却是字迹书写人的书写动作习惯，目前，对汉字笔迹进行鉴定的科学依据就是同一认定原理。笔迹鉴定的同一认定，来源于书写动作习惯特殊性、稳定性和反映性，这也是汉字笔迹鉴定理论的一般哲学原理。三个特性中，稳定性是对书写动作习惯进行认知的前提和保障，特殊性是不同书写个体书写动作习惯个性化因此能够一一对应而对书写个体进行区分并认定的鉴定原理，反映性是对书写动作习惯进行认知的物质基础。但阿拉伯数字笔迹、日期笔迹等并不完全等同于汉字笔迹，它们的特点是笔画少、书写简单且较容易变化等，尤其是金额、日期等少量阿拉伯数字笔迹，其个体书写动作习惯能否得到充分、准确地反映，且能否确实、充分地评价阿拉伯数字笔迹的特殊性，就需要专门地、针对性地进行考察与分析评判。

一、阿拉伯数字鉴定解析

（一）阿拉伯数字笔迹鉴定案件的特点

在司法实践中，合同、协议、票据、欠条、遗嘱等争议材料的纠纷案件常涉及阿拉伯数字的笔迹鉴定。这类笔迹鉴定因其存在固有的版式及格式等因素，具有一些独有的特点。

1. 检验客体的相对特定性。阿拉伯数字笔迹的载体往往相对集中在一定的文书物证上，比如票据、凭证之类的文件。而这些文件载体上的数字笔迹（包括数量、号码、日期等）往往是由相对特定的人员书写完成的，即是由与这些文件相关的特定职业或从事与此相关业务的特定人员书写完成的，从这个角度看，阿拉伯数字笔迹鉴定案件的检验客体具有相对特定性。阿拉伯数字的书写没有关于笔画线条、运笔方式的具体描述，也没有汉字"横、竖、撇、捺、折、点、钩、提"8 种基本笔形，其书写规范只表现出数字的形态、构造，是一种类似于英文的动态线条，人们是从书写动作特点所反映出的笔迹现象中去感知和把握阿拉伯数字书写动作习惯的。所以，个体主要靠其对阿拉伯数字书写特点的观察和理解在长期书写练习阿拉伯数字的过程中形成书写习惯的动力定型。此外，书写人的书写动作还受到个体记忆力、意志力、注意力的影响，各种因素综合影响而导致书写动作特点的复杂多样。哪怕是最简单的仅仅只由一个书写动作即可完成的阿拉伯数字"1"，其书写动作的起收位置、力度大小、长度、弧度及运动方向等都有多种组合方式来表现。

2. 书写格式的稳定性和形态的多样性。司法实践中数涉及阿拉伯数字笔迹鉴定的案件，其文书物证检材大多为票据、凭证、合同及协议，其涉及争议的待检字迹是这些文书物证上填写的金额、日期等阿拉伯数字笔迹。这些特定的检材往往因为格式的需要预先印制有相对确定的不同形状的格线或方框，书写人受到书写格式的制约，会影响和改变其书写风格，整体书写规矩、格式工整，而不会有非规范数字书写的情况出现。阿拉伯数字笔迹书写的笔迹形态受到书写速度的影响，一笔一画地慢速书写时，笔力偏重，起收笔处往往出现顿压动作而产生慢起慢收的书写形态；快速书写会使连笔动作增加，笔画流畅，顿压动作少见而出现直起直收的书写形态。阿拉伯数字多样化的书写形态还包括阿拉伯数字不同的书写体写法形成的多样性笔迹形态，以及不同书写条件导致的多样性笔迹形态。客观存在的数字笔迹书写形态的多样性，提示鉴定人应当关注阿拉伯数字笔迹书写时运笔变化与稳定性的分析。

3. 笔画的少量性和书写习惯的隐蔽性。阿拉伯数字笔迹不同于签名字迹，不同的签名笔迹书写人对所书写文字的理解和书写动作的驾驭各不相同，因而形成签名字迹书写动力定型时，会因为个体思维、动作等的差异表现出签名时字迹组合书写方式的高度个性化，特殊性强，从而明显地将个体进行差异化区分，特别是使用独特性更强的艺术签名时，这种差异更加突出。然而，阿拉伯数字仅有从"0"到"9"十个字符，不但数量少，还是线条种类和方式单一的数字结构类型。相比人的其他动作习惯，书写动作习惯是隐蔽的，书写动作习惯不是鉴定人通过眼睛直接观察行为人的书写动作而识别到的，而是从书写完成的字迹的形态特征中去感知、理解、归纳、提炼行为人书写动作的规律特点。书写动作习惯的识别和认知只能从得到反映的笔迹形象特征入手，通过对笔迹特征的理解、分析、归纳，然后挖掘和提炼书写人的动作习惯规律及特点。相比于汉字而言，阿拉伯数字结构简单、笔画少、特征不典型，难以把握，因而所反映的书写动作习惯特点及规律更为隐蔽。通常情况下，笔顺特征是书写动作习惯中惰性较强的特征，稳定性强，书写中难以受到主观意识的控制，即使在笔迹的伪装书写中也难以改变，具有较高的笔迹鉴定价值。但是，在10个阿拉伯数字符号中，仅数字"4""5"需要两笔书写，具有笔顺先后的差别，其他数字都是一笔写成的。笔顺先后的判断应仔细观察起收笔方向、笔画交叉点以及运笔趋势等情况，通过细节的呈现结果来进行综合判定。

（二）阿拉伯数字笔迹鉴定的方法与要点

由于阿拉伯数字属于一种外文字迹，具有笔画简单、结构单一、书写难度小、书写多样性程度高等特点，造成阿拉伯数字笔迹鉴定存在一定难度。但如果找准规律，并准确认识特征，同样能够运用笔迹鉴定的理论方法来解决这些问题。

1. 单个数字的书写动作习惯分析是阿拉伯数字笔迹鉴定的核心

（1）单个阿拉伯数字的书写动作要素及特点。阿拉伯数字与人们的日常工作生活联系十分紧密，往往有人可能一个汉字都不认识，或者仅仅认识几个汉字，但都具有对阿拉伯数字的读写和理解能力。阿拉伯数字是现行国际通用的数字符号，为了实现其统一的交流、记载功能，与汉字的书写一样，阿拉伯数字书写时也必须遵从现有统一的结构类型和写法规范。单个阿拉伯数字的完整书写过程系书写施加书写力作用于书写工具上，并进行线条方向的机械运动，在纸张等书写载体上形成线条形象痕迹，从而完成数字的书写。阿拉伯数字书写动作习惯，在书写的执笔方式、作用力要素、运笔动作等方面得到全面反映。执笔方式包括书写的握笔位置、持笔角度，执笔方式不同对书写工具的驾驭能力和程度也不同，数字笔迹的书写形态也会随之发生变化。如握笔位置高则对笔的控制点高，力传达至笔尖的距离长，会导致笔的细小运动难以精准，从而书写的字迹笔画较长、字体较大。持笔角度不同，书写工具与书写载体的方向、夹角发生改变，会引起数字字体字形的改变。运笔动作主要体现在运笔的速度、方向、幅度三个方面对书写的影响上，最能反映书写人的书写动作、书写水平熟练情况的笔迹动态痕迹。人们的书写习惯和技能动力定型后，运笔动作可以相对自由地调整及改变，包括改变运笔速度、运笔幅度及运笔力度，书写出不同的笔画形态。阿拉伯数字笔迹书写的基本构成要素就是线条形的笔画，这种线条形的笔画最直观、最直接地反映了数字笔迹的形态特点。另外，书写动作作用力的大小、方向影响着笔墨的浓度、笔画的轻重、笔画的走向，也影响数字笔迹形态、大小的整体呈现[1]。

（2）单个数字书写反映的笔迹特征。透过现象看本质，认识、研究书写动作习惯的关键是识别、分析笔迹特征，但书写动作习惯并非直接通过某一项或某几项明确的笔迹特征指标呈现出来，而是需要对特征进行确定及认识才能分析出来，对于这种具有一定的隐蔽性与复杂性的笔迹特征，鉴定中需要深入、精细及系统地做出特征分析，找出隐含的规律性及特点。数字书写动作虽与汉字书写动作有形态、结构上的差异，但其书写基本要素与汉字笔迹特征分类都可对应，都属于笔画形态基础上认知的结果。一方面，运笔特征的起笔、收笔、行笔、笔形、书写速度等笔迹动态特征特点都反映出书写的运笔动作特点。笔顺特征能反映书写人书写顺序的习惯。笔痕、笔道特征能反映书写作用力的大小；另一方面，数字笔画

① 王连昭.阿拉伯数字笔迹鉴定科学基础的理论探索[J].吉林公安高等专科学校学报,2012(4):56-60.

的基本形态特征、大小与长短特征、书写的弧度与角度特征、搭配与比例特征、数字的方向与倾斜特征等笔迹静态特征都能从不同角度、不同侧面反映出书写人对阿拉伯数字书写的动作习惯及规律。单个数字的书写亦具有系统的书写要素构成体系，包含书写过程中较为全面的书写动作，并通过笔迹特征体现出来。综合来说，单个数字的书写特征具有特定性、稳定性和相对的独立性，这是阿拉伯数字笔迹鉴定的关键。

2. 阿拉伯数字书写的布局习惯是书写动作习惯的辅助特征

（1）布局习惯的构成要素。布局是指对事物的全面规划和安排，或是一种方法和状态，或是事物的分布态势。阿拉伯数字的布局习惯，就是人们在书写时按一定的空间关系排列组合的方法或状态形成的数字及笔画的分布状态。这种分布状态是书写人的书写动作习惯作用于其书写动作，并根据书写人养成的书写动作习惯的规划和安排自觉地完成的，具体体现在书写时数字笔画起、落笔在书写载体平面空间的位置不同，数字与笔画之间的空间位置及大小、搭配比例的不同等。相比于汉字书写的复杂性和系统性，阿拉伯数字的书写动作相对简单，当然稳定性和特定性也较弱，容易受书写条件变化的影响而出现书写字迹的变化。在阿拉伯数字笔迹鉴定中，这种布局习惯可以辅助分析书写人的书写动作习惯。

（2）布局习惯所反映的笔迹特征。布局主要是位置关系的呈现，阿拉伯数字书写的布局习惯不仅仅是数字的布局及位置呈现，还包括数字与数字之间、数字与格框之间、行与行之间的位置特征等，布局与位置特征的价值受检材形成条件变化的影响，并非一成不变的。通常来说，整体页面的露白部分的分布，会影响阿拉伯数字书写的布局；页面中格、框等印刷的形态及分布，也对其直接产生影响。在鉴定过程中，要针对检材每一种布局特征及特征价值进行分析，然后寻找或制作相应布局的样本，从而更好地体现检材、样本书写动作习惯的可比性。

3. 阿拉伯数字书写组合是动作习惯分析鉴定的重点

（1）阿拉伯数字书写组合的特点。一定量的聚合会引起一定质的变化，特征组合的重复率远远低于单个特征。阿拉伯数字组合指几个单个数字根据一定的意义要求书写组成的数组，是人们工作与生活当中用阿拉伯数字进行记录、交流的常见书写形式，如合同、协议、支票等凭证上的日期、金额等，也正是基于此，这类字迹在民事诉讼案件出现争议且需要笔迹鉴定的情况中十分常见。数字组合的特定形式尤其是人们经常书写的日期，书写时熟练、流畅且伴有书写人个性化的书写习惯，类似于签名笔迹，其书写的独特性、稳定性较强，一般书写人的书写动作习惯得到充分反映，笔迹鉴定价值较高。对数字组合的书写方式进行分析鉴定时，可以参照签名笔迹鉴定，将数字组合视为一个独立的整体，从整体上进行特征的组合分析，这种组合特征的鉴定价值更高，更有说服力。通常说阿拉伯数字笔迹很难鉴定，因为，如果仅仅从几个数字来说，其特征的个性化和书写的多样性之间很难抉择，导致难以进行同一性认定或否定。但单个数字笔迹特征价值不高，组合数字笔迹的特征价值可能就会成倍增长，因为这种组合带有随意性，每个书写个体的随意性是其本人习惯的自然流露，但不同个体的习惯流露又各不相同，因此这种组合的特定性很强，很难在不同书写个体的笔迹中重复出现。此外，同一个个体在数字的组合书写中，也会出现组合书写与单数字书写的不同形态，在分析鉴定中，既要正确分析与认识这种差别，又要肯定这种书写形态正是个体书写的特定性特征。

（2）数字组合书写方式所反映的笔迹特征。对数字组合笔迹特征的检验要注重部分与整体的综合分析，数字组合书写首先反映出单字的书写笔迹特征，然后反映整体的组合形态特征，以及因组合而形成的数字连写、变化产生的单个数字与数字组合的新的特征。数字组合书写往往一气呵成，从第一个数字到最后一个数字一笔连写，从起笔到收笔可以说是一个变化丰富的线条，中间没有停笔、断笔。进行特征分析时，首先检验数字间的搭配比例、位置关系，然后分析数字组合的运笔特征，分析其起笔的位置、走向、力道，行笔流畅程度和线条形态，收笔的方向与动作，全面把握数字书写线条形态特征，最后结合笔痕综合分析，系统检验数字组合的书写特征。如果说笔迹鉴定通常对单个字进行重点考察分析以寻找和确定书写规律特征，那么，对于阿拉伯数字来说，其数字组合的书写规律特征是一种独特的个性化属性，在同一认定中具有重要的依据价值，是检验、分析、鉴定阿拉伯数字书写同一性的重点。

二、日期笔迹鉴定解析

日期是指约定的日子和时间，也指发生某一事情的确定日子或时期。在司法实践中，合同、借据、账目、日记等文书上经常需要标称内容的完成或形成时间，这类文书上书写的标称日期、时间字迹，就是本书要研究的日期笔迹。正是因为文书上的日期笔迹标注着制作完成或形成时间，是文书物证的重要证明内容，因此常常出现对文书日期的伪装或伪造，从而改变文书的本来面目，混淆证明事实。由于文书签证的规范性，其落款通常包括签字盖章及时间，因此日期笔迹与签名笔迹大多同时出现，有的情况下日期笔迹和签名笔迹都需要查证属实，有的情况下日期笔迹独立成为鉴定对象①。

① 朱兰,吴欣,黄桃,贾治辉.日期笔迹鉴定的实证研究[J].中国人民公安大学学报(自然科学版),2019(1):6-10.

（一）日期笔迹的特点

1. 表现形式多样

（1）日期笔迹字符组合形式多样。日期笔迹的书写字符组合形式包括其字、词、数字、符号（有时还包括英文单词、特殊符号等）的多种类别组合，随着文书载体的规范性形式不同，其书写及组合呈现规范式书写组合和非规范式书写组合等表现形式。规范式书写是按汉语或拼音文字书写规范进行书写，在公文等正式文书及规范票据书写中多见。笔迹鉴定实践中常见非规范书写形式，其日期的字符组成形式有"阿拉伯数字+标点符号"式、"阿拉伯数字+汉字"式、混合式和填写式等。日期笔迹常见的书写字符组合形式是由阿拉伯数字和标点符号"."或"、"组成，或由阿拉伯数字和"年、月、日、号"等汉字组成。混合式日期笔迹通常是更为随意或不规范的日期写法，是由"阿拉伯数字+标点符号"式和"阿拉伯数字+汉字"式混杂构成，实践中，往往书写者文化水平较低。填写式日期笔迹常出现在合同及单证等打印文书中，具体日期由书写人在日期栏的打印留白或格框处自行填写。一般填写阿拉伯数字的人居多，在相对更为正式的文书上也会填写汉字，填写的位置、字符形态通常都会受到文书上打印部分日期格式的约束。日期笔迹还会因为其他原因或特定情况出现其他书写字符组合形式，比如有的人为了防止被篡改，会用纯汉字的繁体数字来书写日期，如果用简化汉字书写日期，其中"零"通常用阿拉伯数字"0"来代替。用英文签署日期（如，July 8，2018）在我国各类文书中甚为少见，但这种日期笔迹一旦出现，因其具有较强指向性和独特性，故鉴定价值较高。另外，在民间一些有一定文化基础的老人群体的日期书写中，以及在书画类文书中，还会出现中国特色的纪年体日期书写形式，如"庚子年四月廿四日"。

（2）日期笔迹布局形式多样。日期笔迹的布局是指日期与文书其他部分的相对位置关系。日期笔迹的书写布局形式在规范有印刷日期格式时，日期笔迹的布局是相对固定的，但在自由书写的非规范文书中，其所处的位置因不同书写个体的习惯而出现差异。大多数书写人习惯于在签名的下方另起一行书写日期，但也有人会紧随签名之后书写日期。打印格式的日期布局，也会出现类似情况，即在签名字迹下方或随后印刷日期填写位置。除此之外，一些特别文书，如一些签署公文，其日期的位置会在文书上方或其他位置。整体来说，日期笔迹的布局没有绝对的固定规范要求，有形式多样性，但大多数遵循一定的位置，既为了符合审美的要求，也是落款签名加日期的习惯性书写顺带形成的。

2. 字符少，伪装书写率低

实践中，日期笔迹以阿拉伯数字为多见，因此，包括阿拉伯数字及书写年、月、日的汉字，加起来总共出现的字符只有十多个，而且一个日期标称时间的完整书写一般只有 11 个字符，如果进行简写甚至省略写，则字符数更少，因此日期笔迹书写有字符少的特点。书写人的行业、职业不同，日期阿拉伯数字的书写笔迹也会呈现不同特点，从事金融、财会、制图等职业的人员受规范书写要求及经过专门训练，阿拉伯数字书写规范且书写水平高，但也存在相互之间笔迹相似度高的问题。其他行业的人员对日期笔迹书写得比较随意，且书写方式容易随着书写环境及条件的变化而发生变化。另外，正是由于日期笔迹书写字符少且以阿拉伯数字为主，司法实践中，伪装书写人的伪装书写注意对象主要集中在签名、正文等内容的字迹上面，反而不太关注日期笔迹的伪装书写，因而，实践中日期笔迹伪装书写的出现率低。而且，一般文书的真实性确定，主要由签名人的签名笔迹及指印等来证明，日期笔迹很多时候只是以签名笔迹的伴生物出现，其是否为签名人员本人书写并不能因此否定文书的真实性，这也是日期笔迹伪装书写率低的重要原因之一。此外，在签名笔迹伪装的文书中，正是因为日期笔迹难以摹仿且常常于书写时对日期笔迹伪装的注意力不够，多趋向正常书写，反而给鉴定带来了很有利的条件。在实践中，确实日期笔迹很少出现伪装书写，而是改变标称日期的虚假材料行为，这就涉及笔迹形成时间的鉴定问题，在本书其他部分专门进行讨论。

3. 伪造日期多采用添写、改写的方式

日期笔迹是书写的标称时间笔迹，这个"标称时间"不一定是"真实记录的客观时间"，只是以符号形式存在于文书上的时间。日期笔迹的书写有三种情况：一是如实记录文书的制作或形成日期，二是根据案情需要编造出对自己有利的日期，三是根据案情需要在已有日期笔迹上进行添写、改写，使之符合己方的需要。第二种情况是书写人故意所为，该日期笔迹与文书实际形成时间不符，通常需要对该文书或字迹的形成时间进行鉴定以区分真伪。第三种情况是日期笔迹被添写、改写从而导致时间被改变，这种手段的鉴定方法较多，相对容易识别其真伪。在司法实践中，应关注收取和使用笔迹鉴定样本时该日期笔迹可能存在伪造、变造对此造成的影响，因为笔迹鉴定中通常需要选取尽可能与检材的形成同时间或时间相近的笔迹样本形成，而收集的笔迹样本的时间往往根据其标称日期确定，如果日期笔迹不真实，则按期收集的样本也会随之失去或降低检验鉴定中的可比性。这就需要鉴定人在收集笔迹样本时，结合其他方面的时间信息进行确证，以免因为日期笔迹伪造、变造未被识别而影响笔迹鉴定的比对真实性和比对效果。

（二）日期笔迹鉴定的方法要点

1. 区分日期笔迹与文书其他部分笔迹

文书中各部分的笔迹并非一定由同一人书写，实践中，纠纷文书通常有正文和落款两部分，有时候正文内容及落款的签名及日期会由同一人一次书写完成，但也有很多时候，正文内容与签名及日期并非由同一人书写完成，甚至同属落款部分的签名和日期有时候都不是由同一人书写完成。鉴定日期笔迹时，需要对各部分笔迹进行识别，可以综合评断帮助准确检验鉴定。在日期笔迹的鉴定中，先检验书写墨迹种类、新旧程度、笔痕、笔画及字符之间的相互关系，以及对改写、添写、擦刮、消痕等情况的检验，然后，根据案情及委托鉴定要求，对应待审查对象与正文、签名及日期时间的书写情况，准确将待检字迹与样本字迹进行比对，不能混淆各部分笔迹，特别是在正文字迹、签名字迹、日期字迹不是由同一人书写的情况下，以免出现鉴定差错。

2. 区分日期笔迹书写的职业特点

不同职业及文化水平的人，对日期的书写一方面表现出书写水平的差异，另一方面表现出其职业或教育经历等背景，根据日期笔迹这一特点可以分析书写人的职业特征。日期笔迹全部书写为汉字，甚至用汉字繁体字来书写，一般这种情况大多是为了防伪，或者是公文及其他正式文本等的书写需要，这类书写者往往是受教育程度较高的人，以及可能是长期从事合同与公文相关工作的人员。英文写法的日期笔迹，一般表示书写人英文水平较高，且具有一定的海外学习或工作经历，或者与国外有长期交流往来的经历及正在从事与国外交流往来的相关职业。日期笔迹用纪年及农历来书写完成，实践中来看是年龄较大的往往还有一定文化的人，或者书画作品上的写法，也可能是长期练习书画的人群，中华人民共和国成立前出生且有一定文化的人大多都习惯于用这种日期书写方式，但文化水平低的人基本都在后续的文化影响下按照现今的通常书写形式来进行书写。如果出现混合式日期笔迹，往往这类人受教育程度不高，且书写水平较低，书写人通常不太了解日期的书写规范，更多的是从书写者个人的角度去理解日期的表达要素，然后按照自己的表达方式书写出来。鉴定人对日期笔迹反映出的职业特点的准确分析，有助于进一步了解案情，寻找比对条件好的字迹样本，并对笔迹鉴定中符合与差异特征进行科学评判。

3. 日期笔迹与正文笔迹交叉比对

因为日期笔迹字符少、字符简单等特点，如果正文笔迹与日期笔迹是由同一人所写，则可以借助正文笔迹来加强日期笔迹的鉴定，弥补日期笔迹鉴定字符上的不足。同时，如果正文笔迹与日期笔迹不是由同一人所写，则鉴定人可以进一步去对案情进行了解，并注重识别伪装笔迹。因此，在鉴定实践中都会需要对正文笔迹和日期笔迹进行交叉比对，以准确识别属于哪种情况。那么，一方面，如果正文笔迹与日期笔迹相同单字特征明显不同，存在本质差异，则证明二者不是由同一人书写形成，这种文书就存在变造的可能；另一方面，如果正文笔迹与日期笔迹相同单字的一般特征及细节特征符合点是主要矛盾，差异点能科学解释，则二者应是由同一人书写形成，此时正文笔迹作为参照加强日期笔迹的分析、检验、鉴定。

4. 日期笔迹特征的分析确定方法

（1）日期笔迹书写形式和布局特征的分析确定。书写字符组合形式和布局特征一般都是正常书写形成，且相对比较稳定，是日期笔迹的一般特征，一般特征是否定同一的依据和肯定同一的前提。这种书写组合及布局，是书写人书写日期的一种种属共性，如果检材与样本书写形式及文字布局特征存在本质差异，这可以直接否定系由同一人书写。如果检材与样本这方面特征是符合的，则应继续进行细节特征的比较分析，最终去认定是否同一。由于日期笔迹的书写受到个体书写习惯影响以外，有些情况下还受到格式化调整等因素的影响，因此，对于这类特征要注意分析是否格式化填写、书写位置的大小，以及在文书页面整体中的书写空间位置状况，并收取书写形式与布局相同或相近的笔迹样本进行比对检验。

（2）日期笔迹阿拉伯数字特征的分析确定。日期笔迹中的阿拉伯数字结构单一、笔画少，书写的多样性和随意性程度高，增加了鉴定的难度，对阿拉伯数字的鉴定前述已经有了讨论。正是因为日期笔迹的书写特点，其中阿拉伯数字多是以数字组合，或"数字+汉字"组合，或"数字+汉字+符号"组合的方式书写形成，一方面，可供鉴定的字数增加了，有利于更多地检验分析书写的规律性和特定性；另一方面，组合后数字、汉字、符号相互之间的连笔特征、笔顺特征、搭配与比例特征、排列组合特征等，是进行笔迹鉴定质量非常高的特征，具有认定同一或否定同一的重要特征价值。在阿拉伯数字的书写组合形式中，有年份的数字组合，有年、月、日的数字组合，有月、日的数字组合，一般数字之间联系紧密，可以将这种组合形式视为字群来分析确定特征①。在这种相对稳定的字群整体，书写动作及笔画有相互照应关系，书写组合参与的因素越多，其变化的可能就越多，这种变化被复制、被重复的可能性就越低，从检验鉴定的角度，这种特征鉴定价值自然就更高。在日期笔迹中考察阿拉伯数字特征，还可以借鉴汉字笔迹鉴定的技巧与方法。按照从一般特征到

---

① 贾治辉.论汉字笔迹字群结构习惯及特征[J].刑事技术,2010(1):32-33.

个别特征的顺序，层层深入、不断追求特征质量实现个性化认定的思路和步骤。首先，识别字迹书写水平、大小、倾斜方向等一般特征，一般特征不符可直接否定；其次，识别字迹搭配关系、字群特征，进一步寻找并发现二者的异同；再次，识别字迹的运笔、连笔和笔痕等细节特征，通过细节特征的比对为同一认定提供有力的依据。除此之外，仅由阿拉伯数字组合的日期笔迹中，存在分隔年、月、日的点画等符号的特殊书写形式，这种符号的运用，以及选择使用何种符号种类来书写，都有一定的独特性，且这些点画等符号位置及布局特征、运笔特征等都与数字组合成为系列的整体特征，在检验鉴定中具有很高的特征价值。

（3）日期笔迹汉字笔迹特征的分析确定。汉字书写的日期笔迹，或者书写有汉字的日期笔迹，由于汉字笔画的相对复杂以及书写人长期书写具有很强的个性书写风格及稳定书写表现，在日期笔迹鉴定中相对有利。虽然"年、月、日（号）"等几个日期表示汉字的笔画不是很复杂，而且多用的是行书体或近行书体书写方式，使这种日期笔迹存在一定的共性，但其中书写习惯的独特性仍是矛盾的主要方面。在这类日期笔迹鉴定中，鉴定人一方面要注意个体书写的多样性，以免错误否定同一，同时，也要注意个体书写的独特性，以免错误认定同一。其中的关键就是不能仅仅局限于汉字的比对分析，同样应针对日期笔迹的特点，进行组合特征的系统及综合分析。经过汉字特征、数字特征以及汉字和数字的组合特征的全面分析，把握其中稳定的、鉴定质量高且占据主要矛盾的特征，才能准确地形成最终的鉴定意见。

5. 日期笔迹形成时间的分析确定

从文书鉴定实践看，日期笔迹的伪造是最多见的，很多时候涉案当事人为了改变或增强文书的证明力，达到混淆事实的目的，会对文书标称的日期时间进行虚假书写。这种书写的结果，往往书写的同一性没问题，不需要鉴定，但是文书的形成时间是否和标称时间一致，却是司法实践中难以查明的事实。如果能够鉴定文书的形成时间与日期笔迹标称时间不一致，在合理排除当事人漏写后补写等情况，一般就可以判定该文书系伪造或变造形成。文书形成时间就是文书制作时间，是指文书的形式和内容各个方面形成的时间和范围[①]。目前的文书鉴定规范中，仅仅有文件制成时间的鉴定，没有针对笔迹的形成时间鉴定的技术规范。因此，一方面，鉴定人可以针对纸张、印刷文件、印章、其他文书构成因素等综合进行文件制成时间的鉴定，得以确认文书的真伪；另一方面，可以针对日期笔迹进行书写时间鉴定。目前，这类技术虽然还不够成熟，但鉴定中也已经开展了许多研究和实践，有些方法也取得了一定的研究突破，并在应用中有一定的效果，但这种鉴定技术目前仍是世界难题，尚没有哪一种技术可以宣称成为行业规范或标准，此问题在本书其他章节将会有专门讨论。

---

① 贾治辉.文书检验[M].北京:中国民主法制出版社,2007：241.

6

第六章

笔迹鉴定技术的
前沿与展望

笔迹鉴定伴随着文字的产生而产生，也伴随着社会法律制度及科学技术的发展而发展[1]。美国学者约翰·霍德（John Houde）说："即便科学上有再重大的进步，我们也不可能完全解决司法上的所有疑问，因为科学是相对的，其准确率永远不可能达到100%。"[2]虽然对笔迹鉴定科学性的怀疑在理论界从未停止，但在实务界，笔迹鉴定技术的发展和探索也从未停止。一方面，诉讼证明的需要期待解决实践中证据的疑难问题，且案件事实随着现代科技手段的变化需要新的查明手段，另一方面，科学技术的进步也不断推动着鉴定方法与手段的更新。

---

① 刘小红,连园园.浅谈笔迹鉴定的困境与出路[J].中国司法鉴定,2010(1):100-105.
② 刘建华.探究科学证据可接受性的制度路径[J].鉴定论坛,2014(3):92-95.

第一节　笔迹形成时间鉴定理性思考

虽然笔迹鉴定大多数讨论的都是笔迹的同一性认定问题，但实际上司法实践中有大量的笔迹形成时间的争议需要解决。在有的案件中，虽然笔迹的同一性是没有问题的，但该文书物证仍然可能是虚假的，因为其系当事人本人事后补充的相关文书物证（比如单证倒签等），并非案件当时的即时性文书，这就促使技术人员针对笔迹形成时间去鉴定其事实的真伪。

在司法实践中大量出现的笔迹形成时间鉴定案件，其争议文书物证材料并送检的多是一些经济案件中当事人为了谋取非法利益而涂改或伪造的支票、账单、借据、经济技术合同等，比如诉讼中为隐瞒或转移财产而事后伪造的借条等。手写字迹书写时间的鉴定包括绝对时间和相对时间的鉴定，虽然法庭和当事人更希望能有确定的绝对时间鉴定，但其技术实施难度太大，目前鉴定的理论和实践更多地针对相对书写时间。

一、笔迹形成时间鉴定技术是笔迹鉴定的理性选择

笔迹形成时间的鉴定是法庭的呼唤，是笔迹系统检验的客观要求，也

一直是现实中司法鉴定寻求突破的技术问题，亦是迄今为止的世界性难题。虽然借助笔迹形成时间鉴定技术辅助判断笔迹及文书物证的真伪已经在实践中广泛探索，并得到实务界认可，但理论界、实务界也常常发出笔迹形成时间鉴定是否属于笔迹鉴定的探问。我们认为，答案应该是肯定的，即笔迹形成时间鉴定就属于笔迹鉴定。

（一）笔迹形成时间鉴定属于笔迹鉴定的综合应用技术

通常对笔迹鉴定的概念界定是鉴定人运用各类科学知识，依据文字书写特点及规律，对未知的检材笔迹与已知的样本笔迹之间的笔迹特征进行分析、比较、评断，从而确定是否书写形成，以及是否为同一人书写或出自同一人笔迹的鉴定过程。

传统意义上的笔迹鉴定很少依据笔迹形态特征之外的内容进行笔迹的识别与鉴定，而是以笔迹形态特征作为确认书写人的核心依据，通过笔迹的书写形态来寻找、分析、判定书写人的个体性书写习惯规律。在此意义上，笔迹形成时间主要与笔迹使用的墨水等介质变化有关，其技术核心是对书写物质理化特征的检验及判断，已经脱离笔迹形态特点判别的技术手段。但从另外的角度讲，一方面笔迹形成时间的鉴定对象仍然是书写的字迹，另一方面其主要也是针对检材、样本检测数据的分析比对而做出时间同一性认定后出具的鉴定意见。因此，这其实就是涉及笔迹鉴定究竟是单项识别还是综合性判断技术的问题。

传统的笔迹鉴定的核心是同一性的问题，传统的鉴定技术是通过检验书写人的个体书写习惯性规律特点，再将检材样本的特征进行比较，但笔迹的形成受到书写人文化程度、职业、书写技能、书写工具、书写条件以及书写时身体状态和心理因素等多种因素的制约，任何条件的改变都可能对笔迹鉴定结果带来一定的影响，所以笔迹的认定必须全面考虑各种影响因素①。随着办公自动化技术的提升，现如今面临的笔迹鉴定不再局限于书写形态特征的技术检验。相比传统的伪装笔迹，现在的计算机技术和办公手段的进步，更多地创造出了伪造笔迹。传统单纯的改变或摹仿等伪装笔迹，向通过复写、复印、打印、盖印等新的借助外来工具的手段改变字迹的形成方式等伪造笔迹方向扩展，而后者由于借助了科技的发展及工具的帮助，其伪装程度及鉴定难度远远高于传统的改写或仿写，单纯笔迹形态判断已经很难或不能识别真伪，必须要借助显微镜、压痕仪等设备，结合笔迹的形成方式等技术手段的识别来进行综合判断。

因此，随着科学技术的发展、工具的进步，笔迹鉴定技术也已经区别于过去的手工检验为主的时代，进入了综合技术应用的系统检验、分析、鉴定时代。笔迹形成时间鉴定方法对笔迹真伪的识别，与笔迹鉴定的理论、方法并无冲突，同样是笔迹鉴定综合应用技术的扩展。

（二）笔迹形成时间鉴定在程序上属于笔迹鉴定的委托权限

在实践中，对于笔迹形成时间的鉴定，其委托鉴定的目的是查明该物证文书的真伪，而物证文书的真伪往往涉及变造或伪造。不管是变造还是伪造的文书，其变造部分或伪造部分均与真实的文书存在客观差异，这种客观差异中往往最根本的就是形成时间上的差异。

《司法鉴定程序通则》规定鉴定人应当基于委托方的委托要求开展鉴定，鉴定人或鉴定机构不得超越委托自行启动鉴定，故实践中有的委托

---

① 王亚杰,赵杰,籍康.形成时间鉴定技术在遗嘱鉴定中的使用[J].中国人民公安大学学报(自然科学版),2019(2):22-26.

人直接委托"对××文件的真实性进行鉴定"，还有的委托为"对××笔迹的形成时间进行鉴定"等，这些委托鉴定要求都可能或必须使用到笔迹形成时间鉴定技术，从现有技术文件规范来讲，前者的委托要求写法更规范，后者的委托要求实际上也是要确认该笔迹的文书载体是否真实，但无论怎样表述，从委托程序上来讲，都属于笔迹鉴定。虽然技术方法上与传统书写习惯动力定型的同一性认定有差异，但鉴定事项仍然是与委托事项相一致的，并不违反法律规定鉴定机构不得自行启动鉴定活动的要求。

司法鉴定本质上是一种证明活动，旨在用科学技术的证明向法庭呈现某个事实的真实与否，科学技术的运用是多方位、多角度的。笔迹鉴定属于综合性技术鉴定，可以采用单一技术方法，也可以采用复合技术方法。通过笔迹形成时间鉴定技术方法来鉴定文书的真伪，是笔迹鉴定复合技术方法的运用，并未超越笔迹鉴定的委托事项。诉讼中由于委托人或鉴定申请方对鉴定专业及技术了解有限，通常其委托鉴定要求往往是直白的目的性委托，如要求鉴定某文件上的印文是否是某单位印章盖印形成，要求鉴定某个文件字迹是否为某人所写等，由于笔迹鉴定的意见部分必须与委托鉴定事项对应，而委托事项必须符合有关文书鉴定、笔迹鉴定的规范，因此鉴定机构及鉴定人也应当考虑在签订《司法鉴定协议书》时，对委托鉴定要求进行规范或完善。

（三）笔迹形成时间鉴定在法律规定和技术方法上属于笔迹鉴定

《笔迹鉴定技术规范》（GB/T37239—2018）中，并没有笔迹形成时间的内容规定，且其对鉴定意见描述的种类及情况，也没有关于笔迹形成时间的描述内容，仅仅是关于笔迹鉴定同一性的鉴定意见的有关描述。有关文件时间鉴定的技术规范见于《文件制作时间鉴定技术规范》（GB/T37233—2018）中,《文件制作时间鉴定技术规范》中称"文件制作时间"是指整份文件或文件的部分内容形成时间或时间范围,以及不同文件或同一份文件的不同部分之间形成的顺序和过程。该技术规范中规定了打印文件印制时间鉴定、静电复印文件印制时间鉴定、印章印文盖印时间鉴定、朱墨时序鉴定,由此我们发现,笔迹形成时间鉴定,并不属于文件制作时间鉴定的范畴。这就引发出两个问题面临理性抉择:其一是笔迹形成时间鉴定是否属于文书物证鉴定,其二是笔迹形成时间鉴定是否属于笔迹鉴定。

现有的鉴定技术规范没有笔迹形成时间的具体规定,司法部关于司法鉴定机构仪器设备的配置要求没有笔迹形成时间鉴定的要求及标准,司法鉴定收费标准的指导性意见中也没有笔迹形成时间鉴定的收费说明,所体现的都是文书形成时间或文件制成时间或文件制作时间等的鉴定,怎么来理性抉择这两个问题呢?

我们认为,笔迹形成时间鉴定从法律规定和技术方法上属于笔迹鉴定,理由有三:第一,按照诉讼法关于鉴定的规定以及司法鉴定的定义可知,笔迹鉴定是诉讼过程中专门知识或技术人员对专门性问题所做的专业性鉴定,因此,笔迹形成时间鉴定符合诉讼中的这"三专"的技术活动,属于司法鉴定;第二,《司法鉴定程序通则》规定鉴定必须遵循技术规范、国家、行业或专业领域内多数专业认可的标准、规范或技术方法,这里并没有规定必须要求按国家或行业的技术标准、规范才能进行鉴定,有专业领域内多数专家认可的标准即可,笔迹形成时间鉴定目前没有统一的国家及行业标准,并不阻碍其属于笔迹鉴定的范畴;第三,最高院对笔迹形成时间的鉴定下文对样本问题进行了规范、司法部门有关文件指出了笔迹形成时间鉴定的单位和时间阈值以及几种常见的笔迹形成时间鉴定技术方法的专门问题，其中有"目前仅有公安部二所等少数几家单位能对 6 个月以下的笔迹形成时间进行鉴定"等内容。

综上说明，笔迹形成时间鉴定属于笔迹鉴定的范畴，没有法律和技术上的障碍。

二、笔迹形成时间鉴定的司法实践

虽然笔迹形成时间鉴定对法庭作用巨大，但缺乏十分有效且公认的鉴定方法和技术手段，更没有成熟的鉴定技术规范和标准，这是现实之惑、亦是现实之痛。但专家学者们并未止步，理论界、实务界都在不断进行技术实践。

（一）笔迹形成时间技术在司法实务中作用突出

虽然因为笔迹鉴定对鉴定人的主观经验过分依赖，常常作为判断的客观依据不是十分的充分，甚至于受不同鉴定人经验和知识水平的影响，对同一个细节特征会出现截然不同的观点，而导致笔迹鉴定意见的科学可靠性一直以来存在争议，但不可否认，笔迹形成时间的鉴定是对笔迹鉴定技术十分有效的补充。

评价一项鉴定技术是否成熟，其科学上的衡量标准就是过程的可重复性和结果的可验证性，这种可重复性和可验证性说明该技术应当无须依赖鉴定人的主观经验值。比如指印鉴定、DNA 物证鉴定等，其鉴定的实施和鉴定意见的形成主要取决于鉴定技术、鉴定设备的结果呈现，是鉴定人对客观检验结果的评断，而不是依赖鉴定人经验水平对现象的评价。笔迹形成时间鉴定，立足于字迹及载体的物理、化学性状客观变化的检验，给笔迹鉴定增加了客观要素的砝码，使其向客观可靠性靠拢。

（二）笔迹形成时间鉴定需要满足一定的条件

笔迹的形成时间鉴定，一方面是根据字迹的载体记录的各种时间信息，或者字迹的载体随着时间的变化而变化所承载的时间信息，另一方面是直接根据字迹本身随着时间的客观变化所呈现的物理、化学性状改变来鉴定形成时间，因此，并不是任何情况下都能够直接进行笔迹形成时间鉴定，其需要满足一定的条件方可。

1. 检材和样本必须是原件，只有原件才是承载各种客观变化信息的原始载体，才可能真实地检测到随着时间变化了的痕迹，这是复印件、扫描件等复制件都不可能具备的。

2. 要有足够已知确定时间的样本，笔迹形成时间鉴定是通过未知形成时间的检材的性状与已知确定时间的样本的性状之间现象和数据的对比，来确定检材性状接近某个时间的样本的性状，从而推断出检材的形成时间为该样本形成时间的一定范围，因此需要足够的已知确定时间的比对样本，在可检出变化量值的范围内，样本越多其鉴定结果越精确。

3. 检材和样本的检测检验的物质应是相同的物质成分或物理、化学性状相同或相近的物质，只有这样，检测到的检材及样本性状变化才具有可比性，这是十分关键的。对于实践中出现的关于书写时间鉴定的伪科学，这个问题往往是识别的重要突破点，如果该鉴定方法中没有先行对检材样本字迹的物质成分进行检测分析，直接就比较相关性状变化的检测信息或数据，基本上就可以认定为伪科学。

（三）笔迹形成时间鉴定的技术支撑很关键

不可否认，笔迹形成时间鉴定难度系数远高于笔迹鉴定，虽然有众多科研机构和专家学者开展了大量研究，但大多数的鉴定机构都还不具备科学、准确地从事笔迹形成时间鉴定的检测设备和鉴定能力。不成熟的笔迹形成时间鉴定技术如果随意被应用、推广，就会以伪科学出现而提供错误结果从而严重误导鉴定人及法庭、当事人，只能使鉴定意见更加远离事实真相。对于科学而言，有时候原理与技术之间的差异，使人们不得不面对这种现实的无奈，就如华为公司能设计最先进的芯片，却无法生产出来一样。笔迹形成时间鉴定的原理确实简单，而且从认识论上是具有很可靠的科学基础的，但现状是缺乏先进的、可靠的技术和设备去寻找、发现、提取这种字迹物质成分随着时间变化出现的变化信息，以及如何排除各种变化之中的干扰信息。这种情况其实很符合痕迹检验的原理和方法，因为痕迹检验就是对事物客观运动变化所留下的迹象的寻找、发现、显现、固定、提取、分析、检验的过程，对于笔迹形成时间的鉴定，分析、检验的方法和手段没有科学的障碍，但对于字迹随时间的变化痕迹的寻找、发现、显现、固定、提取等问题，就是技术的难关与现实的不足。因此，笔迹形成时间的鉴定，原理和方法不是阻隔，技术和设备的支撑是鉴定目的实现的重要难题。

笔迹形成时间鉴定能很好地丰富和发展笔迹鉴定，但也不能替代笔迹鉴定。因为现实生活中发生的各种可能远超我们的想象，而且世间万物总有千丝万缕的联系，方法和技术的突破是法庭科学追求的双重目标，笔迹鉴定可以用来解决笔迹的相对形成时间，但时间因素并非证明案情的唯一因素或核心关键因素，文书物证的时间因素吻合案情，但事实可能反而与之相反。比如实践中有完全矛盾的遗嘱、借条、情况说明等文书物证，其形成时间都符合案件发生与发展的时间节点，但矛盾的文书必然有其特殊的案情，实践中可能是伪造的、变造的，也可能是书写人在某种精神或意识控制下所非正常书写完成的。这些问题除了需要依靠笔迹形态特征判断该文书物证的真伪，还需要结合案件其他证据材料综合分析，笔迹形成时间鉴定只是对笔迹鉴定的辅助完善。

三、对笔迹形成时间鉴定技术发展的思考

（一）已有的笔迹形成时间鉴定技术评析

笔迹形成时间鉴定，很多研究者亦称书写时间鉴定。主要是对字迹及载体的物理、化学性状进行检验分析，从而希望能够确认待检字迹形成于某一时间段或时间范围。实践中有研究希望鉴定出绝对时间，但实际上就目前的科学认知及技术发展水平来说是很难的，基本上无须考虑去费力施行，通过已知形成时间笔迹样本与待检字迹材料进行比对，确定一个相对形成时间段或范围，是目前就今后研究的重点。

传统的书写时间鉴定，有根据文书内容、不同书写工具问世时间、纸张或印刷品上的同一"暗记"及印刷时间和版数等来分析文书的书写时间，这些方法都具有很强的科学性，实践中也相对容易把握，是笔迹形成时间鉴定的很好的技术方法。比如签字笔在20世纪90年代才由日本传入我国，但在一起退伍证及立功证的时间鉴定中，其上显示时间为1975年，但经鉴定字迹却是由签字笔书写的，这就自然很快、很准确地认定了鉴定意见，属于伪造的。

但由字迹本身以外的因素进行书写所形成时间鉴定的局限性，一直以来学者们都立足于通过对墨水等书写物质介质成分的测定分析手写字迹书写时间，大致研究情况如表6-1所示[①]。

表6-1　笔迹形成时间鉴定发展一览表

时间	研究人	研究客体	研究方法
1990 年	李淑英	圆珠笔油墨书写字迹	薄层扫描法
1992 年	罗庆江	蓝黑墨水书写字迹	X 光电子能谱法
1993 年	A ginsky	圆珠笔油墨书写字迹	显微分光光度法
1995 年	汪聪慧	圆珠笔油墨书写字迹	气相色谱法
1999 年	Carla Vog t	圆珠笔油墨书写字迹	质子诱导 X 射线发射法
1999 年	夏莉琳	蓝黑墨水书写字迹	热分析法
2000 年	梁鲁宁等	圆珠笔油墨书写字迹	定量转印法
2000 年	梁鲁宁等	圆珠笔油墨书写字迹	溶剂蒸溶法
2000 年	王世全等	圆珠笔油墨书写字迹	溶压法
近　期	李虹霞等	圆珠笔油墨书写字迹	傅立叶变换拉曼光谱法

从表6-1来看，对于笔迹形成时间鉴定很多专家学者进行了大量的研究和探索，但也可以看出其技术的核心是希望寻找到笔迹形成物质——墨水的各种性质随着时间的变化而出现的变化参数，这种理论虽然可取，但发现其实验条件要求极高，不仅仅是墨水的成分要相同，其书写载体纸张也要一致，检材与样本的温度、湿度等存放条件也要一致，在众多条件和影响因素都已知的情况下，还需要仪器设备探知精密度与结果呈现手段。

---

① 唐瑞成,吴杰.论笔迹鉴定的发展趋势[J].云南警官学院学报,2007(3):91-98.

不过，不断探索和发展的笔迹形成时间鉴定，确实推动了这一技术的发展。由表6-1还可以看出，笔迹书写时间鉴定目前相对有效的还是蓝黑墨水、圆珠笔油等物质成分书写的字迹，能相对取得一定的效果。但是纯蓝墨水、碳素墨水、签字笔墨水等物质成分书写的字迹，其时间鉴定还更多处于探索阶段。在各种研究方法中，我们也必须看到，有些方法的科学性基础已经被重新定义，有的技术鉴定方法已经被否定，在后续的研究和应用中，应该引起高度重视。整体来说，笔迹形成时间鉴定仍是法庭科学的难题之一。

（二）笔迹形成时间鉴定研究的技术方向

现有的笔迹形成时间能够解决部分问题，但普遍精确度、精准度不高，而且披着科学外衣的司法鉴定，其工作本身是高复杂性、高风险性的，一旦理论、原则、技术、方法失去其科学的基础，变成伪科学而在鉴定实践中应用，其危害性是十分巨大的。对于纯蓝墨水、碳素墨水、签字笔墨水、复写纸等色料书写或形成的字迹的检验，国内外都在进行积极研究，但目前尚没有发现有公开公布的准确性研究成果，更不用说在鉴定实践中应用和推广。而且，对于各种色料介质形成的字迹，鉴定方法各不相同，鉴定成功率、准确度各不一样，对每一种色料的形成时间鉴定，所依据的理论、检验方法都会各有不同。

针对文书物证鉴定中常见的委托要求，笔迹形成时间鉴定首先可以从以下几个方面鉴定。

1. 通过对不同笔迹墨水成分的鉴定，可以判断是否为同一支笔书写，或者是否同人同笔一次性书写完成，如不是，可看作伪造的依据。

2. 如果待检字迹和文书上印章或指纹有交叉、重叠的地方，从仪器设备和显微镜检验字、印的形成先后顺序，即做朱墨时序鉴定。

3. 根据提供的检材具体情况判断，可以鉴定文件不同部位的形成先后顺序，比如有些是先在空白纸签了名字，后来再补上其他的内容。

众所周知，笔迹形成时间鉴定，除了利用文书载体或字迹与文书上其他痕迹的关系来进行检验，对其字迹本身的检验，主要是通过形成字迹的介质——字迹的色料本身随着时间变化发生的客观变化来进行。一方面，色料的物理性质会随着时间的变化而变化，因此可以采用物理方法来进行鉴定；另一方面，色料的化学性质会随着时间的变化而变化，因此可以采用化学方法来进行鉴定；另一方面，可以运用理化方法来进行综合检验鉴定。比如色料与载体随着时间变化其附着性质会发生变化，色料之间的紧密度与结合度也必然发生变化；比如色料的颗粒表面会随着氧化等化学反应的进行，随着时间的变化会发生色泽、光滑度等形态的改变，色料本身的化学性状也会随着与空气中各类物质长期接触发生的化学反应而发生变化，这些变化都是客观存在的，通过物理、化学或理化方法都可以进行检验，其关键是，鉴定技术如何去准确捕捉这种变化的定性，以及如何区分这种变化的定量，从而将笔迹形成后随着时间的变化所产生的这种定性定量的变化规律及变化曲线能建构起来，并为笔迹形成时间的鉴定技术服务。

在鉴定实践中，转印法、拉曼光谱检测法，都是一些理性的研究，但关键是实验控制与客观变化的直接联系尚未能够充分解决，未能形成稳妥可靠的技术规范即标准，故鉴定实践对此尚爱而不能。

第二节　数字化手写笔迹的鉴定

数字化手写技术初次被国人熟知源于 2010 年"壹人壹本电子科技有限公司"推出的手写平板电脑[①]，随着计算机技术的快速发展，短短几年时间，数字化手写技术已随着各种移动终端设备在各个领域得到广泛的应用。数字化手写技术正在悄然改变着人们工作生活中的书写习惯，数字化手写技术在商务办公、线上交流中的应用越来越普遍。

一、　数字化手写笔迹原理及应用

现今的计算机手写输入主要有两种方式：一种是将原字迹逐个转化为计算机系统汉字内码的输入，一种是保留原笔迹形态的手写输入。第一种通常叫作计算机输入方式，而第二种更多地被称之为数字化手写技术。所谓"数字化手写技术"，就是使用电子触控笔在电子触屏上书写，通过电

---

① 闫龙飞.数字化手写笔迹的特点及其检验研究[J].北京警察学院学报,2015(3):95-106.

信号记录书写笔迹特征，并将得到的图文信息进行存储和传输的计算机电子技术。

（一）数字化手写技术原理

目前，数字化手写技术原理的核心就是对电磁信号或电流信号的记录，即电子书写笔在电子触屏上移动时，电子触屏会通过电磁压感技术或电流感应技术将运动轨迹通过电磁信号在二维空间进行记录并转换为点的形态在电子触屏上呈现出来。以电磁压感技术输入来说，电磁笔尖接触电容触控屏，在一定的压力作用下，触控屏的电磁板会感应到电磁笔的压感电磁信号，并同步在电磁板的二维平面的 X、Y 坐标位置记录该电磁信号，电磁笔压力感应器会依据所施加的压力大小来定义笔画粗细，最终将数字化"笔迹"呈现出来。

（二）数字化手写技术应用现状

数字化手写技术随着计算机科技的发展而出现，相比传统文件签署受到时空限制，且程序烦琐，保存和查阅都比较困难，数字化手写技术以无纸化签署、实时快速传输、痕迹可以溯源、长久保存随时调阅等众多优点很快被应用于各种商业、经贸、政企、教育行业。以商务办公领域为例，由"壹人壹本电子科技有限公司"自主研发的"E人E本"在 2012 年和 2013 年始终占据 40% 的市场份额。随着用户的推广和技术的发展，数字化手写技术不断进步，应用越来越广，由最初专门为政商从业者应用，转向为向广大普通用户进军的趋势。数字化手写技术的研发和应用得到了快速发展，如"E人E本"的原笔迹数字书写技术（Mind Mark）、三星 Galaxy Note 系列的 S-pen 手写技术，以及与各类平板电脑配套使用的电容型手写笔等，都在不断竞争中更新与进步。

随着信息技术的发展，加上我国《电子签名法》的颁布实施，为文书在线签署从技术和法律层面扫清了障碍，未来无纸化签批是大势所趋，数字化手写技术应用主体和应用场景会越来越多。电子数据也是诉讼法中八大证据之一，传统文书载体的笔迹鉴定在诉讼中发挥了案件事实证明的重要作用，相信今后以电子数据为载体的数字化笔迹鉴定也将是司法证明的重点。但是，目前国内外司法鉴定界尚缺乏对数字化手写笔迹的足够及深入的研究，数字化手写笔迹检验技术的发展与司法鉴定问题是笔迹鉴定专家学者及鉴定技术人员面临的发展要务。

二、数字化笔迹的特征认知

根据笔迹鉴定的相关理论，随着书写工具和书写载体发生变化，书写习惯和书写结果也会随之发生变化。与传统笔迹相比，数字化手写笔迹的多项特征均发生了一定的变化。

（一）概貌特征

1. 书写速度加快。数字化手写笔迹和大多数传统笔迹一样，其书写者便用正常速度书写，但是因为电子触屏的摩擦系数相比纸张要小，一般电子触屏的感应灵敏度很高，因此电磁（容）触笔或手指作为书写工具与电子触屏之间稍有压力或轻微接触，电子触屏就会感应并产生信号输入而形成笔迹，多数各类数字化手写笔迹都具备这种特性，其书写速度会出现小幅增加。在各类主要的数字化手写笔迹中，电容笔笔尖的导电橡胶摩擦系数相对较大，会降低书写者的书写速度，比如 iPad 电子屏匹配的电容笔书写速度基本上和普通纸笔的书写速度差不多。由此也可以看出，对于数字化手写笔迹的鉴定，不仅面临对书写工具种类的识别，而且需要详细了解该工具材料的物理属性，因为不同于普通书写工具的书写行为，数字化书写工具材料的物理属性直接影响笔迹呈现，需要鉴定人据此正确认识、解读笔迹特征。

2. 字体普遍增大，但间距特征基本不变。传统使用最多的书写工具签字笔的字迹宽度大多小于 0.8cm，但是数字化书写工具的笔尖或直接作为书写工具的指尖的直径远比普通书写工具的笔尖大，因此数字化手写笔迹的笔画变粗、字形变大，基本上字体也都会加大。其中，手指直接作为书写工具在 iPad 上所写的笔迹最大，因为手指与电子触屏接触相比于其他电子触笔其面积更大，而且书写时手指需要比实际完成的书写活动半径大，这也是笔画拉长、字体变大的重要原因。数字化手写笔迹的间距特征相对比较稳定，不管是字间距还是行间距都基本不会发生改变，在进行检材和样本的同一性认定时，通过计算间距与字体大小的比例关系来检验评断，是数字化笔迹鉴定的重要鉴定依据。

3. 字形更趋圆润，且单字方向略有倾斜。汉字的"方块字"书写规范，使普通手写笔迹多呈方形，但同样受到书写规范约束的各类数字化手写笔迹，其字形的偏圆形字迹有所增加。相比普通手写字迹而言，其棱角有所缓和，"钩"画因为电子触控屏摩擦系数变小，使书写载体更加光滑，所以使角度变大、更加圆滑；"折"画因为笔画变粗，视觉上更加缺少棱角并呈现角度变大。各类数字化手写笔迹的书写方向整体与普通笔迹的书写保持一致，但是用手指在 iPad 上书写时，字体的方向呈现向左倾斜的趋势增加。因为书写者利用右手指尖书写时，部分字体会出现左倾现象，而绝大多数书写者都是利用右手书写。当然，如果书写者是利用左手书写的，则字体向右倾斜趋势增加。这种字体方向与角度的特征都属于个性化的特征，在鉴定数字化笔迹时，应当对这些特征进行综合识别与分析。

4.书写水平普遍下降。相较于普通笔迹的书写水平，所有数字化手写笔迹的书写水平都有所下降。书写水平通常以通篇布局是否美观、字符间距是否合理、笔画搭配及比例是否得当等影响因素来作为主要评判标准，书写水平的呈现与书写工具直接相关。在各类数字手写笔迹中，电磁笔的灵敏度高、摩擦小，故书写者书写水平下降较小。但使用手指作为数字化书写工具时，改变了书写运动器官，其书写水平下降比较明显。其一，是书写工具改变书写者的习惯，且电磁笔、电容笔等数字化书写工具与人们长期习惯使用的签字笔不同，其书写方式也同时发生变化，使书写者出现不适应；其二，数字化手写技术需要继续完善或提高，一些笔迹的细微形态在数字化手写技术中难以完整呈现，致使数字化字迹的书写者视觉感知该笔迹与平常普通手写笔迹的差异，并自动反射到书写者的大脑，导致书写时多指令的干扰，使其达不到普通书写的正常水平。一般而言，电磁笔书写技术的笔迹呈现优于电容笔书写技术，因此对书写水平的影响也相对要小。

（二）细节特征

1.起收笔特征变化明显，笔顺特征变化很小。分别使用过硬笔和软笔书写的人都知道，起收笔特征受书写工具影响较大，数字化书写笔的笔头结构与普通笔的笔尖结构不同，往往只能简单呈现为直起笔，导致一些顿压起笔现象不能在数字化书写工具的书写笔迹中出现。笔锋特征在电磁笔书写的字迹中有一定程度的呈现，但在电容笔书写的字迹中基本没有呈现。电子触屏作为书写载体，其质地较硬也改变了书写条件，导致收笔时的顿压动作消失，而呈现为单一的直收笔，即使顿压动作得到一定呈现，也会因生硬而缺乏美感。在笔顺的书写上，数字化手写笔迹与普通手写笔迹中对应的笔顺相同，一些非汉字规范性书写的个性化特殊笔顺也能在数字化手写笔迹中得到较好的呈现。

2. 行笔方向变化很小，但连笔特征变化明显。数字化书写笔迹的行笔方向仍能基本保持普通笔迹的书写习惯特征，其受不同书写方式的影响较小，但是手指书写时会导致一些笔画出现方向倾斜的变化。因为以手指做笔书写与手指握笔书写，其结构不同，控制能力和灵活度更不相同。手指握笔书写时，手腕、手指的各个关节都可以调整和改变用笔书写时的运行，但手指直接做笔书写时，主要靠手臂和手腕的调整和改变来控制书写运动，因而达不到精确控制书写动作的要求。从未使用过用手指做笔在电子触屏上书写的人，在书写时笔画倾斜的变化更加明显。在连笔特征上，由于数字化书写笔的工作原理，其笔迹的呈现与笔头和电子触屏接触的力度及感应灵敏度有很大关系，因此书写力度的改变往往影响到连笔特征的呈现。与普通手写笔迹相比，在电磁笔书写的笔迹特征中，出现了大量"实连"连笔特征，电容笔书写字迹的连笔特征与多数普通手写笔迹的连笔特征情况比较类似，变化不大，基本无连笔现象或仅为意连。

3. 搭配比例特征变化较为明显。搭配比例是书写动作习惯的空间再现，字与字、字与笔画之间的搭配比例特征反映了书写者个性化的书写动力定型，这种特征相对稳定，基本不会因为一般书写条件变化而大幅改变。但数字化手写笔迹的搭配比例特征却出现了一定改变，手指在 iPad 上的书写笔迹特征改变更为明显。究其原因，对于数字化手写笔迹，其书写工具、书写载体等影响笔迹形成的书写条件均发生了变化，书写者原有的书写动力定型与条件和方式改变后的书写活动必然出现差异，书写者注意力的分散导致其大脑神经中枢对书写活动的控制力降低，影响了书写动力定型的参与度，从而影响到字、笔画的搭配比例发生改变。

4. 笔画形态变化明显，但笔痕特征完全消失。在数字化书写活动中，电磁笔感应灵敏度高，笔尖稍微离开电子触屏仍能被感应，因而在点画的书写中，点画书写完毕后进入下一个书写动作时，笔尖的移动被感应成笔画，导致点画出现"连笔"书写，表现为折点或撇点，因而电磁笔书写笔迹中顿点减少，折点和撇点增多。使用电容笔书写时，其笔尖较粗，笔尖与屏幕接触面积大且感应灵敏度相对较低，使得普通笔迹中的微小顿点加长，将顿点或折点的书写呈现为横点或捺点。各式笔痕特征在普通书写笔迹中经常出现，但在数字化手写笔迹中不会出现。因为笔痕的呈现实际上是书写工具对书写载体的压力使书写载体产生了塑性形变，且不同微观形态的笔尖会产生各种不同形态的笔痕特征，但不论是以手指做笔还是电容笔、电磁笔书写的数字化笔迹的形成，都是通过电流或电磁等的感应而形成文字的，书写载体的电子触屏反复多次书写，只有刮擦或老化，并不会产生任何塑性形变，因而不能形成笔痕特征。

三、 数字化手写笔迹的鉴定

（一） 数字化手写笔迹的种属认定

随着科技的发展，电子产品变得琳琅满目。适用数字化手写笔迹的电子触屏和电子笔式样种类繁多，不同品牌的触屏和笔搭配组合进行数字化手写笔迹的书写，更是大大增加了笔迹的种类和数量。鉴定中为识别并判断笔迹的真伪，首先需要准确判断数字化手写笔迹最初成文的书写工具和书写载体。

1. 书写工具的认定。书写工具除了手指，其他基本都是电子笔，而电子笔又有电容笔和电磁笔两种。手指或电容笔通常在普通电容触控屏上书写，电磁笔通常在电磁板电容触控屏上书写。书写工具不同，书写形成的数字化手写笔迹特征也出现明显的差异。如普通电容触控屏上的字迹表现为字体普遍大、书写水平明显下降、单字方向多向左边倾斜、字符间距和行间距出现一定变化时，一般可初步判断系手指为书写工具书写的笔迹。手指书写和电容笔书写，其笔迹细节特征存在诸多差异，表现在笔画形态、笔顺、收笔等方面的不同。如果出现点画变长、钩折变弧，收笔拖拉痕迹明显等较多笔画形态的变异，有时可检见异于规范书写的普通笔迹的笔顺特征，则基本可以判断该数字化字迹系用手指作为书写工具书写形成。

2. 书写载体的认定。目前市面上主要存在电阻触控屏和电容触控屏两种手写屏，其中电阻触控屏由于抗损性能差、多点触控、触控敏感度低、可视效果差等种种缺陷，已经很少见到了。电容触控屏又有普通电容触控屏与电磁板电容触控屏两种，两种屏幕功能有所差异，适用的电子产品也有所区别。普通电容触控屏主要用于手机、平板电脑等，电磁板电容触控屏用于主打原笔迹技术的"E 人 E 本"等，部分品牌手机如三星的系列型号机也多使用。对书写载体的鉴定，如果字迹的搭配比例、收笔特征与普通笔迹相比其变化较为明显，则一般可以判断书写载体为普通电容触控屏。如果连笔特征、行笔方向特征变化较为明显的，则一般可判断书写载体为电磁板电容触控屏。普通电容触控屏和电磁板电容触控屏上的书写字迹，虽笔迹概貌特征大体相近，但书写水平特征常见较大差异。在普通电容触控屏上书写字迹，其书写水平下降程度较大，但在电磁板电容触控屏上书写字迹的书写水平变化不大，鉴定中这种差异可以作为检验鉴定数字化手写笔迹系何种书写载体种类的依据。但当鉴定人识别确定这种书写水平的变化时，务必以当事人普通笔迹书写水平作为评判的参照标准。

（二）数字化手写笔迹的同一认定

传统笔迹鉴定以笔迹同一认定为鉴定理论基础，以普通书写的笔迹为研究对象，对书写习惯及动力定型的个体稳定性和总体特殊性进行了大量的研究，取得了众多的研究成果，并提升到了笔迹鉴定技术规范。然而数字化手写笔迹相对于普通书写笔迹的书写习惯与动力定型的稳定性和笔迹特征等都发生了较多变化，用传统的现有鉴定理论来进行数字化手写笔迹鉴定，自然不能达到鉴定的科学性及目的、任务和要求。同时，也因为数字化手写技术刚刚兴起，应用场景及涉入的领域不多、不广，实践中其鉴定需求少见，且平时这类笔迹样本较少，样本数量和质量也难以有保障。

1. 样本为普通笔迹时的同一认定。由于数字化笔迹与普通笔迹之间特征的差异与特征变化的影响因素和趋势都不同，因此用普通笔迹作为数字化手写笔迹的鉴定样本，首先要找出其特征的变化规律。根据二者之间的特征变化程度，可以区分为稳定特征和不稳定特征。那么，比对检验时就应该重点考察稳定特征，笔顺、行笔方向特征等相对稳定，能有效反映书写习惯、规律及动力定型，可以作为同一认定的重要依据。不同书写载体上书写的数字化手写笔迹，其特征变化种类和程度与普通笔迹相比又有所不同。与普通 A4 纸上书写形成的笔迹相比，普通电容触控屏上的数字化书写笔迹，连笔特征属于稳定特征；电磁板电容触控屏上的数字化书写笔迹，搭配比例属于稳定特征。数字化手写笔迹的种属认定使鉴定对象更加明确，再进行同一认定就会使鉴定效率很高。在数字化笔迹鉴定中引入普通书写笔迹做比对样本，要区别于传统笔迹鉴定的一般程序和方法，对笔迹特征进行全面、重新的认识，先明确哪些是稳定特征、哪些是易变特征，从而重点从稳定特征出发通过综合评判来做出鉴定意见。

2. 检材和样本均为数字化手写笔迹时的同一认定。检材和样本均为数字化手写笔迹，但书写工具与书写载体不同，其特征的变化规律存在差异，因此，首先应确定检材种类，再根据检材的笔迹形成条件去寻找和获取充足的同种样本，然后重点比较分析检材样本之间稳定的细节特征，并根据特征的符合情况和特征的质量与数量情况，做出是否同一的鉴定意见。如果检材笔迹种类不能确定，不能针对性地收集样本笔迹，则应尽可能地多收集各式数字化手写笔迹样本来进行全面、综合比对。不同数字化手写笔迹间，行笔方向特征、笔顺特征和字体大小特征等都是变化小且相近的特征，检验鉴定中应着重关注这些特征来判断笔迹是否同一。当然，鉴定中如果对检材的形成、书写工具的种类等不能判别，则应该重点选取稳定特征（如连笔特征、笔顺特征等）来比对分析，以保证鉴定意见的可靠性。

（三）数字化手写笔迹鉴定的综合评断

1. 从整体评价的角度进行综合评断。在笔迹鉴定中，文书物证首先是整体呈现的，不仅呈现了笔迹特征，还有文件物证系统的整体性和结构性特点，不同的特点或要素一方面是检验的要点，另一方面各种特点或要素的组合是笔迹鉴定十分重要的检验特征。因为这种特征或要素的组合是随机的，而随机的客体完整同一再现的可能或概率都是十分低的，即这种随机组合的整体特征的鉴定价值非常高。数字化手写笔迹是由各式书写内容、各式书写工具、书写载体等多种要素组成的有机整体，各要素之间相互依存、相互联系，各要素整体组合呈现的综合特征就是同一认定或否定的重要理由。对数字化手写笔迹鉴定的整体评价，需要理清数字化手写笔迹检验的层次：前提是有整个案件系统，然后有笔迹特征系统，最后笔迹特征系统中的各要素又单独成为子系统。各系统之间信息不断交换，要求鉴定人员分门别类地整体梳理，站在全局的角度整体把控，用系统的眼光来开展工作①。

2. 从特征质量区分的角度进行综合评断。根据数字化手写笔迹的整体表现及特征呈现情况，其属于书写条件变化笔迹。由于特征的符合点与差异点在检材和样本笔迹之间并存，在鉴定时就应该重点区分主要矛盾或本质矛盾，特别是针对条件变化的笔迹，更加应该识别、区分、确定不同特征的稳定性或变化程度，找准特征的质量及价值，这样才能准确进行笔迹的检验鉴定。在数字化手写笔迹的检材和普通书写笔迹的样本之间，特征差异较大，更应特别关注符合点与差异点的质量评断；数字化手写笔迹的检材与样本之间特征差异相对较小，但仍应区分书写工具及书写载体的差异，对特征的质量、价值及数量等进行综合论证评断，客观分析、综合考量。

3. 从样本的完备角度进行综合评断。由于数字化手写笔迹较少应用于目前人们的工作及生活中，因此其样本并不多。而且不同的工具及载体等书写条件变化也导致其特征变化与差异，因此在此类检验鉴定中，应尽可能多地提取实验样本笔迹，并且尽可能地利用多种数字化手写设备来提取样本笔迹。鉴定人员分析并再现书写条件，在要求受审查的对象按照实验条件指令去完成数字化字迹的书写后，如果检验的结果是样本笔迹的变化与物证笔迹相同，则认为这种差异是非本质的。目前，在人们工作与生活实践中，数字化手写笔迹多由政商从业者书写形成，这类人的平均书写水平比较高，加之如果涉案，他们的伪装能力和伪装手法一般会比较高，因而在这类鉴定中，有些笔迹特征呈现出来的差异很可能是非本质差异，需要鉴定人员多方调查并多收取鉴定样本材料，识别、查证伪装并找准稳定、本质的笔迹特征来进行比对检验。

---

① 闫龙飞.数字化手写笔迹的特点及其检验研究[J].北京警察学院学报,2015(3):95–105.

第三节 笔迹鉴定的计算机自动化技术

笔迹鉴定经验科学起源的特征，使其一直备受争议，但同时也在争议中发展，在争议中不断使其科学基础得到证实与加强。科技的发展是从技术到工具，然后到方法惠及社会的，随着 20 世纪以来计算机技术的飞速发展，业界呼唤引入人工智能、深度学习等计算机前沿技术，解决笔迹鉴定"准科学"的问题，大力推动了计算机技术在笔迹鉴定科学中的研究与应用。

一、笔迹鉴定计算机自动化技术的产生

20 世纪以来，科技日新月异，计算机技术更是不断更新迭代，运用计算机自动鉴别笔迹的相应技术也不断出现和发展，并受到社会各界的关注 ①。全球最早对文字自动识别进行研究的是美国 IBM 公司，其研究

---

① 胡涛.计算机自动鉴定笔迹可行性探讨[J].净月学刊,2013(5):48-52.

人员 Nagy 等人在 1966 年发表了较为系统的汉字自动识别的学术文章 ①。也有说法是 20 世纪 60 年代苏联的几名研究人员从俄文字符中提取了一些代表特征，开始了对计算机辅助笔迹鉴定的研究，并在 1966 年发表了用计算机进行笔迹鉴定的研究报告。相对于人工的笔迹鉴定，计算机自动鉴定笔迹主要是程序的设计，其核心是解决笔迹特征的挑选和提取，其核心技术首先就是脱机手写汉字识别系统的建设。

笔迹鉴定是通过手写文字、符号的形态和规律来识别、认定书写者，其原理是因为书写文字、符号的个体存在着个人稳态，能反映个体的本质规律和建立内在联系。而这种个人稳态又可以被识别和分解，并通过计量文献学、书写指纹、文本挖掘、N-Gram 形态解析、遗传算法、数学、统计学的方法去识别并抓取出来。这些方法集中在计算机上来完成，就实现了笔迹鉴定的计算机自动化。欧美国家很早就对其进行研究，日本的笔迹鉴定的计算机自动化技术相对来说发展迅速，并且也取得了一定的成果。这种笔迹鉴定方法超过 80% 都是由计算机进行解析处理完成的 ②，首先，各特征被数据化，然后，计算机解析其综合分值，最后由鉴定人对其进行评价和判断，最终形成鉴定意见并出具鉴定文书。随着计算机技术向更先进更智能的领域迈进，这种鉴定方法正向着更高难度的数据处理方向发展。另外，随着网络犯罪的增加，日本研究人员开始通过深度学习（deep learning）及人工智能（AI）的方法对个人稳态进行解析 ③。此研究的研究

---

① ［美］鲁道夫·阿恩海姆.视觉思维[M].滕守尧,译.北京:光明日报出版社,1986:147.

② 上田胜彦，松尾贤一，中村善一.文书鑑定のためのコンピュータ支援システム[A].じんもんこん2002 論文集[C].2002,09,(20):273-279.

③ 中村善一,木户出正継.筆跡鑑定の知見に基づく特性値を用いたオンライン筆者照合[A].システム制御情報学会論文誌[C].2009,01,15(22):37-47.

背景来源于近年不断扩大的恐怖主义和激进派分子对世界造成的影响，各种语言的邮件、印刷品都可能是这些恐怖分子传递情报的方式。这种情况下，当务之急是通过笔迹鉴定来对网络空间文字、印刷品的制作者进行解析。在网络文字犯罪领域，我国的研究还尚未步入世界先进水平。因此，通过深度学习解析方法对网络文字进行分析是我国笔迹鉴定专家今后的研究重点[①]。

我国的笔迹鉴定所采取的方法主要是观察法，现阶段基本都匹配各种显微镜、文检仪等光学仪器设备帮助观察，使鉴定人能观察认知到更多的细节特征。随着学科、方法的交叉融合，现代笔迹鉴定也融入了化学方法、仪器分析法等更多的科学手段及方法，规范鉴定程序、限制鉴定人主观意识，从而提高笔迹鉴定的科学性。随着计算机技术的渗透，笔迹鉴定领域也开始尝试使用计算机编程等技术，希望能够像指纹鉴定一样，建立一个自动识别系统来对笔迹特征进行自动识别并进行自动化比对。但看似静态的笔迹确有动态的痕迹，是人书写动作的动态反映，使得计算机编程十分困难。人的书写虽然有动力定型，但也有灵活性和变化性，人的书写习惯、书写规律再现不同于机械重复，同一人在完全相同的条件下其书写的字迹也不会完全相同，个体书写的稳定性也会随着时间和环境的改变出现调整和变化，书写工具或书写动作不同、书写载体发生变化、个体心情和书写姿势等众多因素都会影响书写笔迹的形成和最终呈现。计算机编程要解决此项难题，首先需要对检验的要素进行分解，笔迹鉴定中主要是确定各特征点为评价要素，并赋予相应的评价因子；然后要确定运算规则，这一点是最重要也是最难的，因为越是

---

① 刘心来.日本笔迹鉴定研究[J].广东公安科技,2016(2):45-48.

有明确、详细、简单、指标可量化的标准，则运算规则越便于确定，且越能有工作成效；最后确定结果呈现要素及形式，当运算结果产生以后，对结果要呈现的要素，以及以什么形式呈现进行编辑，就可以自动生成。除此之外，对笔痕的研究使笔痕鉴定日渐凸显其重要性，对于笔痕中笔力与笔压的测量，能记录和反映书写动作的稳定数据，为科学鉴定提供更客观的依据和参数。通过计算机技术感应并测量笔力和笔压，然后对笔力特征与分布进行分析和运算，将开辟笔迹鉴定的新思路、新路径、新方法。

二、笔迹鉴定计算机自动化技术的设计思想、特点优势及工作程序

（一）汉字笔迹鉴定计算机自动化系统的设计思想

笔迹鉴定计算机自动化技术的设计，主要就是解决字迹的识别、特征的提取、特征的价值赋值这三个问题，上述问题解决了，其鉴定的自动化技术基础就搭建好了。

1. 汉字自动识别。汉字数量是十分庞大的。仅以国家标准为例，共收录了 27 484 个汉字。不仅如此，汉字还有不同字体以及大小之分，如何准确地识别一度成为 20 世纪 80 年代至 90 年代初期亟待解决的问题。以中国科学院自动化研究所、北京大学为代表的一批科研机构从理论和实践上基本解决了印刷体汉字自动识别的问题。

2. 笔画特征的自动提取。笔迹鉴定的关键即为特征的提取，通常根据笔迹特征的分类及特征表现形态等客观存在情况分别在计算机信号分析方法中一一对应地赋予各种数值，于是计算机能识别这种笔迹特征并

将它们自动提取出来。

3. 笔迹特征价值的自动确定。根据笔迹鉴定现有的经验和技术规范，将笔迹特征区分为一般特征与细节特征，并根据各种特征的稳定性、独特性进行特征价值评判，在计算机信号分析系统中进行不同赋值，这样就可以进行笔迹特征价值的自动确定。

（二）笔迹鉴定计算机自动化的特点和优势

尽管目前笔迹鉴定计算机自动化还存在大量的局限性，远远没有达到人脑对笔迹鉴定的科学、理性认识，但是笔迹鉴定计算机自动化技术在笔迹鉴定中也呈现了一些特点和优势。

1. 笔迹鉴定计算机自动化具有一定的正确率。据了解，清华大学与公安部第二研究所研发的"计算机笔迹鉴别系统"可以判断检材与样本是否为同一人所写。该计算机笔迹鉴别系统具有独创的基于单个字符的统计笔迹鉴别框架、笔迹鉴别的多个字符的融合方法等，对于样本数大于 4 个的正常书写笔迹，身份鉴别正确率可达 96%，对于 4 个字检材集成的身份鉴别正确率可达 99% 以上。实践表明，对于正常书写的笔迹，在检材字迹和样本字迹均匀及笔画能清晰识别、笔迹特征反映较好等比对鉴定条件较好的情况，运用计算机自动化技术来鉴定笔迹具有可行性。

2. 计算机笔迹鉴定系统的优势作用。相比传统鉴定人员的笔迹鉴定，笔迹鉴定计算机自动化系统具有以下几个方面的特有优势。

（1）存储量大，运算速度快。计算机的海量存储功能是其巨大特色，笔迹鉴定系统可以像指纹库和 DNA 库的建设一样，通过长期实践工作大量收集笔迹样本资料，建立数字化笔迹信息源数据库。同时，根据计算机痕迹即时性存储及易于溯源且难以人为破坏的特点，在进行笔迹鉴定时，可以通过网络链接调取被审查对象的日常数字化书写笔迹。计算机自动进行检验比对时，其运算速度非常快，且计算精度高，能有效提高检验鉴定的工作效率。可以采用计算机线上检验与人工线下鉴定相结合的方式进行，计算机在线上用检材笔迹与数据库的样本笔迹进行快速比对，把识别出的与检材笔迹书写风格最相近的少数笔迹样本挑选出来，鉴定人员再针对筛选结果在线下进行人工纠错及检验鉴定。计算机还具有远程笔迹检索与鉴别功能，可以利用网络对笔迹鉴定样本进行异地提取及远程比对，能大大提高笔迹鉴定的便捷性与工作效率。

（2）高效、智能生成特征比对表。对计算机笔迹鉴定系统进行程序设计，将笔迹鉴定特征比对表进行分解，设定比对表各个要素的来源及选取要求，并将特征标示方法及符号编码输入系统，实现字与笔迹特征的自动采集、提取、排列、标识，自动制作检材、样本笔迹的特征比对表。与传统鉴定人员手工描摹或扫描制作特征比对表相比，计算机自动化鉴定系统高效、智能，且更为规范与严格。

（3）自动生成鉴定意见书。类似于特征比对表的自动生成，笔迹鉴定计算机自动化系统还可以通过编程自动生成鉴定意见书，目前有些机构对检测类的鉴定如法医 DNA 物证鉴定、法医毒物（酒精含量检测）等实现了鉴定意见书的一键生成，笔迹鉴定的意见书更复杂，但这只是增加了编程人员的工作复杂性与难度，笔迹鉴定意见书可以通过对计算机存储的各信息要素进行调取，并以技术规范和文书规范作为运算规则，实现计算机自动生成。按照现有鉴定文书的规范要求，鉴定意见书必须有鉴定人的手写签字和鉴定机构的盖章，现阶段计算机生成的鉴定意见书不能精准达到鉴定的要求，但经鉴定人审核、修正后制作，即可发挥其作用。另外，随着《电子签名法》的实施，笔迹鉴定技术规范和文书规范的日益完善，以及计算机鉴定编程的不断丰富、更新，往后完全可是实现笔迹鉴定及意见书出具全部由计算机自动化鉴定，包括实现网上的自动传输和结果运用等。

（三）笔迹鉴定计算机自动化的主要工作程序

1. 笔迹图像的采集与处理。检材笔迹和样本笔迹的图像采集是笔迹鉴定计算机自动化中最重要的一部分。因为计算机通常为二进制识别，所以实践中常通过数码照相机拍照或扫描仪扫描等方式将笔迹转化成数字化图像，然后将完成可运算数字信号转化后的待鉴定的笔迹输入计算机。根据笔迹鉴定的特征要求，图像采集后还要进行加工处理，使其符合后期鉴定运算的数字化需要。这就需要对采集的图像进行图像分割、平滑、锐化、去除噪声、归一化、二值化等处理，去除那些无用的信息而使图像特征更为清晰、显著，为笔迹鉴定时准确识别和选取特征提供便利条件。

2. 笔迹特征的选择和提取。笔迹特征的识别和提取是笔迹鉴定计算机自动化中的技术关键，检验开始后，需要从计算机获取的检材及样本的大量数据中准确识别、选择稳定且高价值的特征，并加以提取进行分析比对。目前对离线的笔迹自动鉴别方法大致可以分为结构特征法和统计特征法两类，结构特征法是将笔迹图像分割为若干笔画的结合体，对每个笔画进行特征选取，其常用方法有拆分法、文档频率法（Document Frequency，DF）等；统计特征法是把采集的笔迹图像作为一个整体，对该图像的特征进行选取，其常用方法有几何特征法、降维处理法、纹理特征法等。

3. 笔迹识别及鉴定。计算机对提取的特征进行分析、分类，最后得出检材笔迹真伪的自动鉴定结论。笔迹鉴定计算机自动化实质上是一种模式识别，所采用的方法主要有结果模式识别法、人工神经网络法、统计模式识别法、伪动态特征法、纹理分析法等。现有的笔迹鉴定计算机自动化系统与传统的笔迹鉴定理论相差较远，所采用的图像采集和模式识别算法只注重笔迹图像的静态特征，依据其算法所得到的结论无法用笔迹鉴定理论进行准确解释。另外，由于现有笔迹鉴定技术规范不完善、不详细，已有的技术规范很多内容也是描述性的，不具体、不准确，因而计算机在确定运算规则及算法时，就受到很多限制，不能完整体现笔迹鉴定的全部要求。笔迹鉴定计算机自动化是对检材字迹特征与样本字迹特征的机械比对，只能做到对笔迹特征的部分定量分析，尚处于简单识别阶段，还远远达不到鉴定人的大脑对笔迹特征进行的复杂定性分析。

三、笔迹鉴定计算机自动化技术与文书鉴定的契合

（一）现阶段笔迹鉴定计算机自动化技术对文书鉴定的帮助

目前，笔迹鉴定计算机自动化系统解决了在笔迹鉴定中对笔迹特征的图像采集，以及计算机自动采集、提取、排列的程序设计及技术衔接，替代了传统方法全部由鉴定人进行人工操作的过程，对检材、样本特征点的挑选，到特征比对表的制作，都实现由计算机自动完成。在待检材料数量众多的情况下，计算机自动化系统能进行批量自动化操作，帮助鉴定人进行初筛，从而极大地提高了鉴定工作效率。计算机的自动检索与机器运算功能，在编程中选取变量越准，对变量的赋值就越科学，完善、详细的技术规范会带来更先进的算法，最终笔迹鉴定的自动化水平和鉴定结果就会非常智能、准确，鉴定人员的工作就会更轻松。

（二）笔迹鉴定计算机自动化技术的标准化建设

1. 笔迹鉴定计算机自动化技术的最后技术堡垒——综合评断。综合评断阶段十分复杂，是笔迹鉴定计算机自动化技术的难点。笔迹的形成具有多样性，其特征的价值往往因为具体的案情会出现相应的变化，综合评断需要全面的思维分析，针对检材、样本中有比对价值的特定字符的符合点与差异点进行分析评价。如果符合特征点多而差异特征点少，且差异特征点价值低，得到的特征赋值小，计算机系统就容易识别，运算也较简单。有时符合特征点少但其价值高，差异特征点多，但结合案情可以得出非本质差异合理的解释，这种情况下人工做出同一认定是可行的，但对于计算机的赋值、识别和运算就是十分复杂的。因此，识别算法在笔迹自动鉴别中的作用至关重要，因为其识别的各种数据信息是综合评断的重要依据，这个核心工作的难题解决了，综合评断就能顺利地完成。笔迹鉴定实践中不仅有正常书写笔迹的客观多样性，更有非正常书写笔迹的复杂情况，这对计算机的"智能化"程度要求更高。这种智能化程度，不仅为编程带来了困难，实践中对这些复杂的问题和情况，现阶段也没有足够的研究可以让人们充分认识，更谈不上对计算机自动化技术的应用转化。可以说，笔迹鉴定计算机自动化技术的研究就发展而言，阻力和束缚主要不是计算机技术的因素，而是笔迹鉴定本身的理论和方法的完善与进步。

2. 笔迹鉴定意见的标准化。笔迹检验的结论由定性化向定量化转变的关键因素为"是否具有公认的笔迹鉴定客观标准"[①]，但就现有的研究

---

① 何延鹏.计算机笔迹鉴定技术的文检视角分析[J].吉林公安高等专科学校学报，2008(5):42-46.

和实践而言，笔迹鉴定的理论界与实务界对此问题并没有统一的结论，但这样的标准建立是笔迹鉴定计算机自动化技术的客观要求。如前所述，笔迹鉴定是一门经验性很强的科学，经验性即主要体现为笔迹鉴定人的主观因素较多介入鉴定当中，且实践中即使同为具有丰富经验的笔迹鉴定专家，也常对同一问题做出不同的鉴定意见。即使如此，"建立操作性强且能用数量化表示的鉴定标准"仍是目前诸多文检工作者努力的方向。在已有的笔迹鉴定技术规范的基础上，当这种主观上的经验性鉴定成果被固定、细化，并经反复验证后仍然准确，就实现了笔迹鉴定客观标准的完善与提升，足够完善的标准支撑足够先进的运算法则，从而推动笔迹鉴定计算机自动化技术的发展和提升。

（三）笔迹鉴定计算机自动化技术的补充和完善

笔迹鉴定计算机自动化技术革新了鉴定的思路和方法，随着计算机技术和人工智能的发展，相信笔迹鉴定计算机自动化技术将会发挥越来越大的作用并具有越来越大的发展空间，但由于笔迹鉴定本身的复杂性和特殊性，其自动化技术需要的量化检验在笔迹鉴定实践中的运用存在一定的瓶颈①。笔迹鉴定的可靠性、有效性是存在自身短板的。

1. 在笔迹鉴定中，影响可靠性和有效性的因素非常复杂，其受到鉴定的理论和方法等因素的制约以及干扰的影响。

2. 在笔迹鉴定中，不可排除经验性因素即定性因素。其背后需要广泛的学科知识、鉴定人主观因素，如思维定式、观察角度、价值因素、世界观的支撑，目前这些经验性因素还远远不能被固化和细化，这就影

---

① 陈晓铭.论笔迹鉴定中的量化检验[J].法制与社会,2014,11(下):167-168.

响了统一具体的笔迹鉴定技术鉴定标准的建立。另外，鉴定对象的不确定性导致量化标准模糊，这种不确定性往往与具体案情直接相关，只有当案件出现后才可能去具体评价，事先很难预设一套成熟的标准。笔迹鉴定不同于自然科学的仪器、仪表等硬性测量工具，其主要是概念性、指标化的方法，缺乏统一的鉴定的标准和尺度。客体单一性和稳定性的缺失，使得公认的、通用的鉴定标准和鉴定语言很难建立。

3. 需要解决笔迹鉴定量化标准及重复性问题。笔迹鉴定复杂性导致量化标准很难被重复，美国著名数学家，控制论的创始人诺伯特·维纳（Norbert Wiener）指出："对于基本上是模糊的量，如果给以任何准确数值的内容，那是无用、不现实的；而任何企图想把精确的公式应用于这些不准确定义量的行为，都是浪费时间。"[①] 使用计算机自动化技术进行笔迹鉴定，笔迹特征的量化及标准是技术的前提和基础，但在目前的笔迹鉴定中，尚无认定和否定的特征量化标准。即使开发出某个标准，也因为无法符合十分严格近乎理想化的统计分析前提条件，故很难被反复适用而无法被计算机运算法则而利用。这就需要研究人员不断地去研究各种笔迹特征的因变量与自变量，且准确认识其变化规律，从而解决笔迹鉴定计算机自动化技术的难题。

基于计算机技术深度学习及自我学习框架，可以挖掘更有价值的图像信息，实现对手写笔迹的准确识别，从而在技术层面上解决原有鉴定过程中的突出问题。在技术应用中，可以从四个方面进行补充完善：其一是样本数据的获取，尽可能通过大样本量数据来提取特征并进行分析，使之具备扎实的客观依据；其二是建立高效、精准的神经网络模型，全

① 陈晓铭.论笔迹鉴定中的量化检验[J].法制与社会,2014,11(下):167–168.

面对比分析卷积神经网络、YOLO 等不同网络模型之间的性能差异，为笔迹鉴定提供可靠的分析模型；其三是在结果运用上，可以考虑将机器学习结果与人工鉴定结果进行对比分析，取长补短，改进现有笔迹鉴定技术；其四是在研究思路上，不能局限于手写体笔迹的鉴定，而应当充分应用计算机深度学习、自我学习技术强大的非线性拟合能力和自学习、容噪声等特点，服务于鉴定科学的各个领域，逐渐形成一种全新的数据处理方法和模式 [1]。

计算机技术的发展日新月异，不仅使人工智能技术飞速发展，而且计算机仿生技术也在快速进步，这不但为原有的笔迹鉴定带来了新的思路、方法和技术的突破，也可能因此带来笔迹鉴定新的鉴定领域及新的鉴定难题，笔迹鉴定的未来将是一个多维的、综合的科学技术实践活动。

---

[1] 沈荣,黄晨.深度学习在笔迹鉴定中的应用研究[J].电子设计工程,2020(11):159–163.

后 记

写这本专著的想法最初产生在 2007 年底，正式下定写成书稿的决心是 2020 年下半年，将近孕育了 13 年。我的第一个专业是化学，毕业后直接在某警察院校任职，参加工作第二年就由学校选派到中国刑警学院学习刑事侦查，获得第二个大学文凭。回校后就一直担任刑事侦查、刑事技术类课程的教学与实践。2005 年 2 月 28 日年全国人大常委会发布《关于司法鉴定管理问题的决定》后，我受学校指派负责筹建司法鉴定机构。2006 年 12 月，司法鉴定机构获得批准成立，我个人执业文书鉴定、痕迹鉴定、微量物证鉴定三项资质，并且担任鉴定机构法定代表人和机构负责人。在司法鉴定执业过程中，让我最忐忑的就是文书鉴定，其中以笔迹鉴定尤甚。相对痕迹鉴定、微量物证鉴定的客观性，笔迹鉴定的经验性评判占据了很大程度的成分，每出一份笔迹鉴定意见书，我都是慎之又慎、如履薄冰。因为笔迹鉴定做起来貌似容易，但真正很有信心且内心确信其结果的准确性，确实需要再三地审视。所幸执业这么多年，还没有出过一次差错，这并非代表我个人有怎样的水平，其根本都来源于我对各种排他性证明的反复推敲，以及每次都与所里几位主要鉴定人对每个案子的反复讨论和集思广益。

2016年起我接触了更多的笔迹鉴定，先后作为技术顾问或负责人为两家公司的司法鉴定进行技术与运行的管理服务，也因此参与了较多的笔迹鉴定、书写时间鉴定，以及计算机技术在司法鉴定中的应用等专业问题。同时接触到了行业里关于笔迹鉴定、书写时间鉴定等众多动态和技术探索，整体感觉就是接触这个专业越多、越深，越感觉从事这个专业的技术还有太多发展和提升空间。

2016年我有幸考入中南财经政法大学，攻读侦查学博士。导师王均平教授就是司法鉴定行业的专家学者，导师组的其他教授均给我很多专业指导，院长胡向阳教授也是资深的司法鉴定人。中南财经政法大学也有自己的司法鉴定中心，我所就读的刑事司法学院也在司法鉴定方面进行了诸多颇具影响力的学术研究，让我受益匪浅。几年的学业和老师们的指导，让我更加期待能将自己的感悟行之成文，不管是否能对行业有什么影响，至少这是我从业15年的感悟，可以抛砖引玉，供同行参考。

笔迹鉴定目前主要属于经验科学，而经验科学最怕的就是伪科学。因为从事鉴定工作的人和应用鉴定意见的人是不对等的，应用鉴定意见的人往往是非专业的，但恰恰应用鉴定意见的人是纠纷的裁判者，对当事人的权利、义务具有关键的处分权力。因而，一份错误或失真的笔迹鉴定意见，其影响力或后果都是十分严重的。本着对专业的信仰和对职业的强烈责任感，督促了我完成对本书的写作。

感谢我的导师、我的同行、我的家人，对我写作的高度指导、帮助和支持，本书有未到之处或有失偏颇之处，后续将不断修订。千言万语汇成一句话，我是一名鉴定人，也一直致力于理论实践的研究和探索，毕生都在为司法证明贡献绵薄之力！

刘建时

2021 年 7 月 22 日

参考文献

[1] DAVID ELLEN.Scientific examination of documents:methods and yechniques.3rd ed. ,CRC Press,2006:15-37.

[2] BARRY A J FISHER.Techniques of crime scene investigation.7th ed. , CRC Press,2004.

[3] RON MORRIS.Forensic handwriting idetification:fundamental concepts and principles.Academic Press,2000.

[4] DONALD E. SHELTON.Forenic science evidence and judicial bias in criminal cases.The Judges' Joumal,2010(49).

[5] SC LEUNG,CK TSUI, WL CHEUNG, MWL CHUNG.A comparative approach to the examination of Chinese Handwriting –The Chinese Character.Journal of the Forensic Science Society,1985(25).

[6] JANE A LEWIS.Forensic document examination: fundamentals and current trends.Academic Press,2014.

[7] ALBERT OSBON.Questioned document.The Genesee,1910.

[8] KATHERINE M KOPPENHAVER.Anorney´s guide to document examination.Quorum Books,2002.

［9］S C LEUNG. Handwriting as evidence ［A］. GERBEN BRUINSMA，DAVID WEISBURD. Encyclopedia of criminology and criminal justice ［C］. New York：Springer，2014.

［10］ SC LEUNG，Y L CHEUNG.On opinion ［J］.Forensic Science International，1989(42).

［11］ LI CHI－KEUNG，WONG YIU－CHUNG.Implementation of quality assurance system to enhance reliability in Chinese Handwriting Examination［J］. Accreditation and Quality Assurance，2014.

［12］THOMAS W VASTRICK. Admissibility issues in forensic document examination ［J］. Journal of American Society of Questioned Document Examiners，2004(7).

［13］LOENE M HOWES, K PAUL KIRKBRIDE，SALLY F KELTY，ET AL. The readability of expert reports for non －scientist report－users：reports of forensic comparison of glass ［J］.Forensic Science International，2014(236).

［14］ RUDOLF AMHEIM.Visual thinking ［M］.Berkeley：University of California press，1969.

［15］ROY A HUBER，A M HEADRICK.Handwriting ldentifi cation：facts and fundamentais.CRC Press， 1999.

［16］ BRYAN A GARNER.Black's law dictionary （ninth edition）. Thomson/West Publishing Co，2009：639.

［17］吉田公一.文書鑑定の変遷と現状［J］.警察学論集，1988，10(41).

［18］上田胜彦，松尾贤一，中村善一. 文書鑑定のためのコンピュータ支援システム［A］. じんもんこん2002 論文集［C］. 2002-09-20.

[19] 中村善一,木户出正継.筆跡鑑定の知見に基づく特性値を用いた オンライン筆者照合 [A]. システム制御情報学会論文誌[C]. 2009-01-15(22).

[20] [美]阿尔弗雷德·阿伦·刘易斯.血痕·弹道·指纹传奇[M].何家弘, 译.北京:群众出版社,1991.

[21] [苏]巴普洛夫著.巴普洛夫选集[M].吴林生,等译.北京:科学出版 社,1955.

[22] [美]霍华德·艾肯保姆.记忆的认知神经科学——导论[M].周仁 来,郭秀艳,叶茂林,等译.北京:北京师范大学出版社,2008.

[23] [意]皮罗·克拉玛德雷.程序与民主[M].翟晓波,刘刚,译.北京:高 等教育出版社,2005.

[24] [美]理查德·A.波斯纳.联邦法院:挑战与改革[M].邓海平等译.北 京:中国政法大学出版社,2002.

[25] [德]汉斯·波赛尔. 科学:什么是科学[M]. 上海:三联出版社, 2002.

[26] 麦考密克论证据[M].汤维建,等译.北京:中国政法大学出版社, 2004.

[27] [英]麦高伟,杰弗里·威尔逊.英国刑事司法程序[M].刘晓丹译.北 京:法律出版社,2003:232-258.

[28] [德]托马斯·魏根特.德国刑事诉讼程序[M].岳礼玲,温小洁,译. 北京:中国政法大学出版社,2004:178-179.

[29] [日]石井一正.日本实用刑事证据法[M].陈浩然,译. 台北:五南图 书出版公司,2000:318-322.

[30] [美]布兰登·L.加勒特.误判,刑事指控错在哪了[M].李奋飞,等译.

北京:中国人民大学出版社,2015.

[31] 弗洛伊德·I.怀特.本质性差异在笔迹鉴定结论推断中的应用[J].杜水源,宫万路,译.中国司法鉴定,2004(4).

[32] 贾晓光.文书物证司法鉴定理论与实务[M].北京:中国人民公安大学出版社,2017.

[33] 王圣江.笔迹识人——笔迹分析理论与实务探究[M].北京:中国人民公安大学出版社,2021.

[34] 沈臻懿.笔迹鉴定视域中的同一认定研究[M].北京:法律出版社,2017.

[35] 邹明理,杨旭.文书物证司法鉴定实务[M].北京:法律出版社,2012.

[36] 陈晓红.司法笔迹鉴定[M].北京:科学出版社,2018.

[37] 王冠卿.笔迹鉴定新论[M].北京:北京大学出版社,2016.

[38] 贾治辉.文书检验[M].北京:中国民主法制出版社,2007.

[39] 郑晓星.试论笔迹特征形成的生理、心理原因[J].深圳大学学报(人文社会科学版),1995(1).

[40] 张卿华,王文英.汉字笔迹与个性测评研究[J].心理科学,1998(4).

[41] 陈雷,陈明春."形、力、神"——签名笔迹鉴定三要素[J].中国刑警学院学报,2012(4).

[42] 王连昭.阿拉伯数字笔迹鉴定科学基础的理论探索[J].吉林公安高等专科学校学报,2012(4).

[43] 程军伟.笔迹概念新认识[J].中国刑警学院学报,2019(2).

[44] 凌宏.笔迹鉴定规范化研究综述[J].西安政治学院学报,2014(1).

[45] 刘进.笔迹检验鉴定结论分歧原因探析[J].中国司法鉴定,2006(4).

[46] 关颖雄.笔迹鉴定意见刍议[J].中国司法鉴定,2016(3).

[47] 贾治辉,管胜男.笔迹鉴定意见采信实证研究[J].证据科学,2018(3).

[48] 王连昭.笔迹鉴定意见书表述规范实证研究[J].山东警察学院学报,201(5).

[49] 沈臻懿.笔迹鉴定在近代中国的早起实践[J].山西师大学报(社会科学版),2010(6).

[50] 杜志淳,宋远升.笔迹鉴定证据的原理采撷与法律判读[J].华东政法大学学报,2009(2).

[51] 张福全.汉字笔迹特征之分类[J].合肥学院学报(社会科学版),2006(4).

[52] 王勇.笔迹心理分析在笔迹鉴定中的运用[J].湖北警官学院学报,2012(1).

[53] 胡涛.计算机自动鉴定笔迹可行性探讨[J].净月学刊,2013(5).

[54] 唐瑞成,吴杰.论笔迹鉴定的发展趋势[J].云南警官学院学报,2007(3).

[55] 陈晓铭.论笔迹鉴定中的量化检验[J].法制与社会,2014(11)(下).

[56] 汤纪东.签名笔迹及其检验研究[J].犯罪研究,2011(1).

[57] 邱爱民.论文书证据的形式真实及其证明[J].扬州大学学报(人文社会科学版),2017(6).

[58] 刘心来.日本笔迹鉴定研究[J].广东公安科技,2016(2).

[59] 王亚男.论笔迹鉴定结论的证据效力兼谈世纪遗产争夺的笔迹鉴定[J].中国司法鉴定,2009(6).

[60] 沈荣,黄晨.深度学习在笔迹鉴定中的应用研究[J].电子设计工程,2020(11).

[61] 闫龙飞.数字手写笔迹的特点及其检验研究[J].北京警察学院学

报,2015(3).

[62] 刘斐斐.伪装笔迹鉴定的科学性探讨[J].法制与社会,2015.2(下).

[63] 朱兰,吴欣,黄桃,贾治辉.日期笔迹鉴定的实证研究[J].中国人民公安大学学报(自然科学版),2019(1).

[64] 贾治辉.论汉字笔迹字群结构习惯及特征[J].刑事技术,2010(1).

[65] 王亚杰,赵杰,籍康.形成时间鉴定技术在遗嘱鉴定中的使用[J].中国人民公安大学学报(自然科学版),2019(2).

[66] 李念,李冰.质疑还是挑战:Daubert规则下的笔迹鉴定[J].证据科学,2018(3).

[67] 刘小红,连园园.浅谈笔迹鉴定的困境与出路[J].中国司法鉴定,2010(1).

[68] 李冰.文件鉴定人员质量控制内容比较及启示[J].证据科学,2015,23(3).

[69] 刘建华.探究科学证据可接受性的制度路径[J].鉴定论坛,2014(3).